JN068526

IPOをめざす
起業のしかた
経営のポイント
いちばん最初に読む本

寺島戦略社会保険労務士事務所
代表・社会保険労務士
寺島 有紀

加藤会計事務所
代表・公認会計士
加藤 広晃

アニモ出版

はじめに

　本書をお手にとっていただき、ありがとうございます。

　今般、新型コロナウイルスの感染拡大が経済社会に与えた影響は大きなものがありますが、一方で新しい生活様式や人々の働き方が変革するなど、われわれの日々の生活に及ぼす影響も大きくなっています。

　外出自粛といった、社会経済全体に及ぼした影響には暗い部分も多いですが、こうしたなかでもITベンチャー企業やテクノロジー企業が提供する、既存の価値観にとらわれない新しい商品やサービスへのニーズがますます高まっているように感じます。

　勢いがあり、成長性の高いこのようなベンチャー企業が、今後も先進的なサービスを生み出すことで、経済全体の好循環が生まれることは素晴らしいことです。

　わたしども筆者は、このようなベンチャー企業の人事労務、財務・経理等について日々ご相談を多く受けているところですが、一方で、こうしたベンチャー企業では、財務・経理や労務を含む内部管理体制の構築が後手に回ってしまう傾向にあります。

　そのため、いよいよIPO（株式上場）をめざすとなった段階で、後手に回った内部管理体制が最後まで負債として、重くのしかかる場面も多く見ています。

　本書は、タイトルにあるとおり、起業のなかでもIPOをめざして積極的に起業する方が、起業当初から知っていてよかった！　と思っていただけるような内容をまとめています。

　起業当初は、社会保険の届出・手続き、税務署への届出・手続きなど目の前の事務をこなしていくことで精いっぱいかもしれません。

もちろん、こうした日々の実務的な知識ももちろん必要となります。

　一方で、事業拡大を見すえ、従業員が増えたらどういう労働法上の義務が発生するのか、上場を見すえると財務・経理ではどのような対応が迫られるのかといった、広い目からも財務・経理や労務をとらえておくことで、その後の会社経営で慌てることがなく、また「最初から知っていれば、こんなことにはならなかったのに…」といった後悔も減らすことができると考えています。

　本書が皆さまの起業・会社経営にお役立ていただけることを願ってやみません。

2020年8月　　　　　　　　　寺島戦略社会保険労務士事務所
　　　　　　　　　　　　　　代表・社会保険労務士　寺島　有紀

本書の内容は、2020年8月20日現在の法令等にもとづいています。

もくじ

2章 これだけは知っておきたい！ 財務・経理の重要ポイント

3章 これだけは知っておきたい！ 労務管理の重要ポイント

4章 会社設立から決算まで 初めての決算シミュレーション

5章 社員の入社から退社まで 初めての雇用シミュレーション

6章 知っておくと役に立つ応用編 攻めの財務・労務戦略とは

CONTENTS

カバーデザイン◎水野敬一
本文ＤＴＰ＆図版＆イラスト◎伊藤加寿美（一企画）

1章

IPOをめざす
積極的な起業とは

執筆◎寺島有紀・加藤広晃

上場審査時に最も重要なのは「財務」「経理」「労務」

ＩＰＯは起業のより高い目標

本書をお読みいただいている方は、ＩＰＯ（Initial Public Offering：株式上場）をめざし、これから起業を考えている方もしくはすでに起業をしている方、またはＩＰＯをめざす企業のコーポレート部門で働いている方といった、より高い目標を見すえて日々奮闘されている方であろうと思います。

筆者も、日々多くのスタートアップ・ベンチャー企業と接点がありますが、創業間もない頃からＩＰＯをめざすという高い目標を掲げている企業は少なくありません。

もっとも、日本を代表するような有名企業でも、あえて上場していない企業もありますし、ＩＰＯそれ自体は決してゴールではなく、通過点にすぎません。

それでもいまなお、多くのスタートアップ・ベンチャー企業にとってＩＰＯというのは１つの目標であることは間違いありません。

メリットもあればデメリットもある

ＩＰＯを果たすことで、右ページ図のようなメリットが得られます。ＩＰＯを果たした企業や創業者が、華々しくマスコミ等で報道されることもあり、**ＩＰＯそれ自体が一種のステータス**としてみなされている側面もあると思います。

とはいえ、ＩＰＯにはメリットばかりでなく、デメリットもあります（右ページ図を参照）。

たとえば、図の❶～❸にあげたように、上場企業は株式関連事務、ディスクロージャー対応、コンプライアンス対応等が必要となり、事務コストが大幅に増大します。

◎ＩＰＯのメリット・デメリット◎

主なメリット

①資金調達手段の多様化
証券市場で多くの人から資金調達が可能となる。

②知名度・信用力のアップ
マスコミによる企業名やサービス等の報道の機会が増加し、知名度がアップする。また、これにより採用力が増し、優秀な人材の確保が可能となる。

③創業者利益の実現
上場により所有株式の売却が可能となるため、創業者利益を得ることができる。

主なデメリット

❶株式関連の事務や株主対応の増大
株主総会の開催のための準備や、運営の事務が大幅に増加する。また、株主にどのように利益を還元していくのか等、積極的な株主対応が求められる。

❷各種ディスクロージャーへの対応
上場によって金融商品取引法の適用会社となることにより、各種経営情報の開示が義務づけられる。さらに、証券取引所の規定によって決算状況だけでなく、投資家にとって重要な企業情報を正確に開示する必要が出てくる。

❸コンプライアンス対応
上場会社は株主や投資家の監視下にあり、各種法律の遵守が強く要求される。

❹買収リスク
不特定多数の株主が自由に株式を売買できることから、買収リスクにさらされることになる。

上場するには厳しい審査がある

　一般に上場企業というと、しっかりした一流企業というイメージがあると思います。

　これは、まさに金融商品取引法等の法律にもとづく適切な開示や、コンプライアンス遵守などを行なっている、ということが信頼につながっているといえるのではないでしょうか。

　上場企業というのは、こうした市場に信頼される対応を適時行なうことができる企業体制が求められているわけです。

　上場するには厳しい審査がありますが、その理由は、こうした「上場するにふさわしい、信頼される対応を適時行なうことができる企業体制を備えているか」を厳しく審査しているからです。

　たとえば、代表的な証券取引所である東京証券取引所の上場審査の内容を見てみると、下表のとおりです。

◎東京証券取引所の上場審査の内容例◎

項　目	内　容
企業内容、リスク情報等の開示の適切性	企業内容、リスク情報等の開示を適切に行なうことができる状況にあること
企業経営の健全性	事業を公正かつ忠実に遂行していること
企業のコーポレート・ガバナンスおよび内部管理体制の有効性	コーポレート・ガバナンスおよび内部管理体制が、企業の規模や成熟度等に応じて整備され、適切に機能していること
事業計画の合理性	相応に合理的な事業計画を策定しており、当該事業計画を遂行するために必要な事業基盤を整備していること、または整備する合理的な見込みのあること
その他、公益または投資者保護の観点から東証が必要と認める事項	――

　注目いただきたいのは、昨今この上場審査のなかでも「企業のコーポレート・ガバナンスおよび内部管理体制の有効性」が、企業の相次ぐ不祥事によって、非常に厳しく審査が行なわれるということです。

　内部管理体制とは、まさに本書のテーマでもある**財務・経理・労務を含むコーポレート管理体制**等のことであり、これらが有効に企業で機能しているかが、厳しく審査されているわけです。

 ## どのような内部管理体制が問われるか？

　財務・経理の観点からいえば、上場後まもなく不適切な会計処理や業績の下方修正があった事例を受け、上場審査に従事する関係者を取り巻く環境もまた一層厳しくなっています。

　たとえば、不適切な会計処理があれば監査法人の監査が問われ、業績の下方修正があれば証券会社や取引所の審査が問われ、上場審査を取り巻く環境が厳しくなることで、本来、直接責任を問われる側の上場したい会社においても、審査対応が厳しくなっているのです。

　こうした流れを受け、**予算管理**はＩＰＯにおいてこれまで以上にハードルが高いものになってきています。

　特に、日本の取引所においては、**売上10％以上、利益30％以上の変動**が投資家への**業績予想修正の適時開示基準**となっていることから、上場申請前後においては毎月、予算がその水準以上の精度が期待されるなど、自社で管理しやすい「費用」は当然のこと、顧客動向に影響を受け自社で管理しづらい「売上」においても、高い予算管理の精度が求められています。

　また、労務では、働き方改革関連法による労働基準法の改正で労働時間の規制が2019年４月から実施されるなど、労働法制が大きく変化しています。

　大手広告代理店社員の過労死問題が社会問題となったことは、い

まだ記憶に新しいかと思いますが、このような労働基準法違反を犯した企業についてはマスコミで大きく報道され、世間の目も厳しくなります。

こうした流れを受け、**労務コンプライアンス体制の構築**は、適切な内部管理体制には欠かせず、ＩＰＯにおいても非常に重要視されるようになっています。

特に、未払い賃金が発生している場合には、在職者だけでなく、退職者も含めて未払い賃金の清算を行なうよう、上場審査時に指導されるなど、より厳格な労務コンプライアンスの徹底が求められています。

このように現在、適切な財務・経理・労務体制の構築というのは、上場をめざす企業には欠かすことができないものになっています。

財務・経理・労務といった内部管理体制の強化は、直接的に売上を生み出すわけではないため、「コスト」と考えている経営者も多いようです。

しかし、「会社を大きくしていきたい」「上場をめざしたい」という積極的な起業に取り組む企業は、どこかのタイミングでこうした内部管理体制の構築から逃れることはできません。

しかも、内部管理体制の構築を後回しにすればするほど、結果的に当初よりも膨大なコストがかかってしまうケースが多くあります。

次項では、そうした失敗例をもとに起業初期からの積み重ねの重要性を解説します。

1-2 失敗例から学ぶ──起業初期からの 内部管理体制構築の重要性

 起業初期から構築するのは難しい？

　前項で、ＩＰＯをめざす積極的な起業には、財務・経理・労務体制の構築は、いずれ避けて通れないということを述べました。ただし、起業初期から財務・経理・労務体制をしっかり構築するというのは難しいかもしれません。

　財務・経理においては、経営者が100％株主であるステージでは、潜在的な決算の虚偽表示リスクがあっても顕在化することはあまりありませんし、労務においても、従業員数が少なく、ごく親しい仲間だけで経営しているうちは、労務トラブルは起こりにくいかもしれません。

　そのため、企業としては、利益に直結するような営業、開発業務に力を入れたいという気持ちもよくわかります。

　しかし、この内部管理体制の構築を後回しにしていると、後々大きなツケを払わされることになります。

　財務・経理・労務といった内部管理体制は、一朝一夕に構築されるものではありません。

　起業当初からコツコツと体制を整えていたほうが、来るべき上場準備期に焦って整えるよりも、結果としてコストや労力がかからずにすむと考えています。

　本項では、上場準備中に実際に起きた財務・経理、労務それぞれの失敗例（実例から一部設定を変更しています）から、起業初期から内部管理体制をコツコツ構築しておく重要性を解説したいと思います。

上場準備で起きた財務・経理のトラブル例

　Ｙ社はＩＴベンチャー企業であり、従業員数を増やしながら拡大路線にある成長企業でした。

- 同社では、資金繰りの観点から、顧客から受注したタイミングで請求・入金を基本とするオペレーションにより、創業以来、入金時のタイミングで売上を計上していた。

- また、上場準備にあたり、さらなる売上の増加、予算達成を織り込んでいたものの、想定していたほど売上は伸びず、社長は日に日に予算未達成であることを幹部に問い詰めるようになり、現場の従業員はプレッシャーを感じていた。

- 上場準備に伴い、監査法人から「入金時の売上計上は入金ベースではなく、正確に納品日を売上計上日とする内部統制を整えてほしい」という指導が入っていた。

- しかしＹ社では、入金から納品まで数日しかズレないことを主張し、これまでどおりの入金ベースで計上するオペレーションを変更するためには、追加の体制整備コストが必要となり、予算達成上、変更はできないとした。また、従業員は、「あと少しで上場できそうなので」と、顧客に「すぐには納品できないが、遅くなっても必ず納品するので、とにかく発注・入金してほしい」と営業するようになっていた。

　Ｙ社は、上場をめざすために、監査法人と契約を締結し、まさに上場に向けた決算・社内体制を整備していこうとしていました。

　Ｙ社ではこれまで、現金を受け取ったタイミングで売上を計上するという、中小企業では散見される現金ベースの売上計上体制をとっていたわけです。

　しかし、上場企業として投資家に報告するためには、共通のモノサシで比較するルールである「会計基準」では、現金ベースで売上

を計上するという方法は、正規の方法として認められていません。そのため、現金ベースにより入金時に売上を計上するという方法は、上場準備にあたっては変更する必要がありました。

それでも、Y社は、

①納品ベースで売上を計上するという方法に変更するには、管理体制の変更やシステム変更等の追加コストがかかること

②入金から納品までは数日のズレしかないこと

という2つの理由から、従来どおりの入金ベースによる売上計上を続けることになったのです。

それに加え、現場の営業マンは上場のプレッシャーに追われ、とにかく顧客に入金してもらうよう営業をかけていました。

こうしたことが続くと、本来、売上として計上してはいけないものが売上として計上されてしまい、いわゆる**架空計上が増える不健全な状態**となります。

こうした管理体制を続けた結果、「適切な財務報告体制が構築できていない」として、上場審査の承認を得ることができずに終わってしまったのです。

 Y社の問題点と対応策

上場をめざすには、投資家への決算説明が必要ですし、健全な社内体制を整備することも必要で、それらは何となくY社の社長も理解していました。

また、予算達成についても、比較的成長軌道に乗っていたこともあり、「引き続き売上も伸びるだろう」「従業員を増やし、もっと多くの人々に自社の商品を届けたい」と考えていました。

しかし、どうしても従来の内部管理体制を変更することに金銭的、時間的コストがかけられず、上場会社に求められるレベルの健全な財務体制が構築できなかったのです。

改めてこのケースの問題を考えてみると、Y社には納品日の売上計上が正しい、と指摘してきた監査法人へ向き合う真摯な姿勢が足

りなかったといえます。言い換えれば内部管理体制の構築を軽視していたともいえます。

　また、予算プレッシャーを受ける現場の営業マンにも、「入金」ではなく、「納品」を終えて初めて売上が計上できる、その売上を目標とするのだ、という健全な意識を植えつけないといけなかったと考えます。

　入金ベースでの売上計上を継続し、仮に上場できたとしても、もし入金後に顧客から返金要求があり、「これは架空売上でした、予算・決算は虚偽表示でした」となってしまった場合は、課徴金が課され、悪質な場合には刑事罰の対象になってしまいます。

　上場すると、世界中の株主からお金が集めやすくなる一方で、株価は日々変動し、経営に対するモニタリングも高まり、経営の自由度は未上場企業とは雲泥の差があります。

　上場するためには、まず**未上場企業の価値観から脱しなければならない**ことが、おわかりいただけると思います。

 ## 上場準備で起きた労務のトラブル例

　次に、実際にあったＩＴベンチャーＡ社の上場準備期の労務におけるトラブルの例（実例からは一部設定を変更しています）を紹介しましょう。

● A社では、従業員に固定時間外手当（みなし残業代）を支給していたが、この固定時間外手当には時間外労働の割増賃金と深夜労働（夜10時〜翌朝5時までの労働）の割増賃金、休日労働の割増賃金のすべてを含むとして、従業員には過去2年間、明らかにみなし残業時間を超える分の割増賃金を支給していなかった。

● 一方で、賃金規程や従業員への労働条件通知書や雇用契約書には、明確に固定時間外手当にどのような手当を含むのか（時間外割増賃金相当なのか、深夜割増賃金、休日割増賃金も含

A社は、従業員40名程度のITベンチャー企業で、監査法人のショートレビューを経て、いよいよ上場準備期に突入していました。

A社では、基本給とは別に、従業員に固定時間外手当を支給していました。この固定時間外手当については、賃金規程上にも明確な記載はなく、従業員との個別の労働条件通知書や雇用契約書にも金額が記載されているのみで、固定時間外手当にいったいどのような割増賃金が含まれているのか、つまり深夜割増賃金や休日割増賃金を含むのか、や具体的な時間数なども不明確な状態でした。

また、たとえ残業時間が多くなっても、固定時間外手当を超える分については適切に計算が行なわれていませんでした。

固定時間外手当については、3章の3-3項でその詳細を解説しますが、「通常の労働時間の賃金に当たる部分」（つまり基本給部分）と、「時間外の割増賃金に当たる部分」（つまり固定残業代部分）とを**明確に区分できる**ようになっていなければ、そもそも固定残業代としては有効になりません。

A社の場合、運用では休日割増賃金も深夜割増賃金も固定時間外手当に含むとしていましたが、それがいったい何時間分なのかが、賃金規程や個別の労働条件通知書等でも明確化されておらず、追加の時間外割増賃金の清算もされていなかったことから、固定時間外手当が適切に運用されていない、と監査法人から指摘されました。

そのため、未払い賃金を支給しなければならない時効である過去2年分について、退職者も含め実際の勤怠記録にもとづき、さかのぼって時間外割増賃金を支給することを求められることになりました。

なお、A社では勤怠記録が曖昧な従業員も多く、実際の時間外労働に関わらず一定の時間外労働を行なっていたものとみなして清算することとなりました。

A社の問題点と対応策

　実は、A社のように固定時間外手当の運用がずさんな企業は少なくありません。

　また、固定時間外手当の運用に加えて、勤怠管理自体もずさんである企業も多くあります。

　A社の場合、当初から固定時間外手当を適切に運用していれば、わざわざ退職者に連絡を取って未払い賃金清算の同意を取り交わす必要はなく、そもそも退職者に個別に連絡を取るという追加の時間的コストも本来は不要だったわけです。

　また、勤怠管理も徹底していれば、清算の際に、一律に一定時間数の時間外労働をしていたとみなさなくても、実態にそって割増賃金を支給していれば何の問題もなかったのです。

　一律に一定時間数の時間外労働をしていたとみなすことで、時間外労働がなかったかもしれない従業員（退職者を含む）にまで、一定時間数の時間外労働分の割増賃金を支払うことになってしまいました。

 ## 特に未払い賃金の発生には要注意

　さらに、このケースで重要な点は、こうした固定時間外手当の運用が誤っているということは、**未払い賃金が発生した**ということです。

　A社の場合、運よく裁判等による未払い賃金の請求はありませんでしたが、もし、未払い賃金の支給を求める裁判を従業員や退職者に起こされた場合は、遅延損害金（年利6％）や遅延利息（年利14.6％）といった請求もあわせて行なわれるケースも少なくありません。

　また、これまで未払い賃金などをさかのぼって会社に請求できる時効は2年となっていましたが、2020年4月から賃金請求権は5年に延長されています（なお、当面は経過措置として5年ではなく3

年となります）。

　つまり、これまで未払い賃金があっても２年分のさかのぼり支給でよかったものが、将来的には５年さかのぼって支給する必要が出てくるということになります。上場を見すえているような企業については、これまで以上にこうした固定時間外手当の運用も含め、未払い賃金が発生しないような労務管理体制を構築しておく必要があるわけです。

　このような未払い賃金請求が上場準備期に発生した場合、過去５年分の清算となると、膨大な費用がかかります。これにより上場を遅らせる、最悪の場合は上場を断念する必要すら出てきます。

　創業当初は、労務コンプライアンスを意識していなくても大きな問題はないかもしれません。

　ただし、上場を見すえている企業においては、過去の負の遺産からは逃げきれず、最後まで引きずることになることは覚えておきましょう。

起業初期から内部管理体制の構築を

　以上、財務・経理と労務について上場準備期におけるトラブル例を紹介しましたが、いずれも内部管理体制の構築を後回しにした結果、引き起こされた事例です。

　会社設立の手続き、税務や社会保険の手続きといった、起業してすぐに発生する目の前の個々の手続きを解説する起業本は数多くあります。

　しかし、本書は起業初期から事業拡大期を見すえ、「早くから読んでいてよかった」と思っていただけるよう、広い視点で財務・経理や労務をとらえていただけるような内容を解説していきたいと考えています。

　そのため、２章、３章においては、それぞれ概論的に財務・経理、労務の重要論点を解説します。

　そして、４章、５章では、実務的な内容を中心に、それぞれ設立

から決算までのシミュレーション、従業員の入社から退社までの雇用シミュレーションとして、財務・経理と労務の流れをとらえていただけるような内容としています。

　起業してからは長きにわたる経営が続くかと思いますが、本書が転ばぬ先の杖として、事業継続にもお役立ていただけることを願ってやみません。

2章

これだけは知っておきたい！
財務・経理の重要ポイント

執筆◎加藤広晃

2-1 財務・経理の全体像を知っておこう

財務・経理・会計・税務などの言葉の違いは？

「財務」「経理」「会計」「税務」など、企業の経営資源を「カネ」の視点からとらえる言葉は複数ありますが、その違いはなかなかわかりにくいのではないでしょうか。

そこで、まずはじめにそれらの言葉の定義を解説しておきましょう。

①財務

財務は、資本や融資などの資金調達、資金使途としての現金管理や金融商品管理などに用いられる言葉です。

②経理・会計

会計は、金銭や物品の出入りを記録・計算し、管理することです。

経理は、その会計に関する事務や処理を行なう際に、仕訳と呼ばれる取引の帳簿記帳など、個別の業務を指す言葉として用いられます。

なお、会計の専門家としては公認会計士がいます。

③税務

法令にもとづき、法人税や所得税、消費税といった各種税金の申告のための日々の記帳、計算等の業務を指す言葉として用いられます。

なお、税務の専門家としては税理士がいます。

未上場である中小企業の決算は、税務の観点のみにもとづいて行

コラム　専門家の違い

　財務・経理・会計・税務など言葉の定義がわかりにくいのと同様に、資格についても、税理士と公認会計士は混同されることがあります。

　税理士は、端的にいえば、企業の納税申告支援ができる国家資格です。

　一方、公認会計士は、端的にいえば、株主に代わり、企業がつくった決算を独立した第三者の立場で監査できる国家資格です。なお、公認会計士は税理士登録できるため、公認会計士兼税理士という人も少なくありません。

　ちなみに、税理士試験は税法5科目が基本ですが、公認会計士試験は監査・会計・会社法・税法のほか選択科目として経営学や経済学、あるいは民法、統計学と、会計や税務以外の知識が求められる点が異なります。

　上場企業をめざすうえで経営管理体制構築の相談をする際は、会計はもとより、株主総会や取締役の責任など会社法、監査やコーポレートガバナンスなどへの理解がある公認会計士に依頼するとスムーズです。

なわれることが多いのですが、上場企業では税務の観点だけでなく、会計基準にもとづいた処理が求められます。

　上場審査においては、経理の決算を締めるスピード（たとえば、月末から5営業日で月次決算が締まるか）や、上場水準の会計処理が行なえる体制が整っているか（たとえば、事業計画との数字の整合性が取れるか、経理担当者の資格や職務経歴は適切か）など、決算体制を上場申請資料に記載して説明することが求められます。

　また、財務においては、資金調達と連動する事業計画や予算管理

など経営企画と管掌が重複する要素もあり、過去に発生した取引記録の集計から、将来の計画管理が期待されることがあります。

さらに、上場審査上、経理や財務の業務の分掌（それぞれの職務がどう分離しているか）として、経理と財務は別々の担当者が就いていることが望ましい、とされています。

その趣旨としては、経理は記帳する業務で、財務はお金の出入りを管理する業務である、とすれば、１人がこの２つの業務を行なってしまうと、記帳をごまかしてお金を私的に盗んでもバレにくい環境をつくりやすいと考えられているからです。

このように、財務と経理という一見似た機能においても、その性質は異なり、上場審査においては中小企業の水準を大きく上回るものが求められています。

 財務・経理の全体像を理解しておこう

財務・経理の各論を見ていく前に、いくつかの視点から、財務・経理の全体像をみていきましょう。

①**タイミングごとに必要な決算**

決算とは、一定の頻度で、資産や負債、収益や費用の残高や取引を整理し、貸借対照表や損益計算書を作成できるようにする、一連の手続きのことです。

月に一度締める**月次決算**は、給与計算とそれに伴う源泉徴収が月単位のため必要となり、年に一度締める**年次決算**は、税務申告上、未上場においても必須です。それ以上の細かい単位、たとえば週次や日次の決算は、会社独自にルールを設けない限り、法律上は要請されていません。

ただし、上場企業となると、会計基準上、**四半期決算**が必要になります。

月次決算では、月単位の残高や取引の整理が行なわれ、上場をめ

ざす会社においては減価償却費の計算も必要となります。

　なお、月次決算では、役職員の給与や、弁護士や税理士など士業への支払いに係る源泉徴収税の納付は毎月、支払月の翌月10日までとなっているため、忘れないように注意してください。

　年次決算では、月次決算に加え、固定資産や有価証券、引当金など、資産や負債の評価手続きが必要になるほか、税金計算や上場をめざす場合は税効果会計も必要となります。

　ちなみに、税効果会計とは、会計上の利益に相当する税金負担が計上されるよう、企業会計と税務会計の違いを調整し、適切に期間配分する手続きをいいます。

　法人税や消費税は原則として、期末の最終月、たとえば3月決算の会社であれば、3月から2か月後、つまり5月末までに決算を締めて税金を納付することが必要となります。

　また、会社の決算期にかかわらず、12月末を計算基礎とした、従業員の年末調整や、外注等の源泉徴収に係る支払調書の作成、固定資産税等の法令上の申告などが必要となりますが、これらは翌年1月末までに申告する必要があります。

　なお、このような決算の帳簿書類等は、法人税法や会社法といった法令にもとづき、10年間など書類ごとに保管年数が定められています。

　たとえば、貸借対照表や損益計算書といった言葉は聞いたことがあると思いますが、そのような決算書を作成する基礎となる「仕訳帳」（すべての取引を時系列で記録したもの）に加え、「総勘定元帳」（勘定科目ごとに仕訳を時系列に並べたもの）、「固定資産台帳」（固定資産の取得年月日、帳簿価額、減価償却方法、耐用年数などを記録したもの）など、決算にはさまざまな帳簿が存在します。

　会計ソフトがない時代には、「伝票」という一定の様式にもとづく紙を用いて取引を記録していましたが、現代では会計ソフトに仕

訳の情報を入力することで、帳簿の大半を自動的に作成することができるようになっています。

　また、帳簿の前提となる書類として、契約書や領収書、注文書なども法人税法上の保管対象となっています。

　税務調査の際に、法定保管対象の書類がない場合、その取引はなかったものとして税金を課されることがあるため、数字とその裏づけとなる資料の保管は大切です。

②**資本金・従業員数ごとに変わる法人税**

　次に、企業規模別に必要な法人税の全体像をみていきましょう。

　法人税では、資本金1,000万円未満かそれ以上か、もしくは、資本金1億円以下か超えるか、で税務上の取扱いに差があります。

　特徴としては、資本金1億円を境に資本割や付加価値割といった、赤字でも固定的に発生する税金が課されます（これを外形標準課税といいます）。

　そのため、資本金が1億円超の場合、かつ事業計画で赤字を想定している場合は、期末を見すえて資本金を減らす「**減資**」を行なう

◎法人税のしくみ◎

資本金	税　率	従業者数	均等割（※）	資本割	付加価値割
1,000万円未満	およそ34%	50人以下	7万円	なし	なし
		50人超	14万円		
1,000万円以上1億円以下	およそ34%	50人以下	18万円	なし	なし
		50人超	20万円		
1億円超	およそ30%	50人以下	29万円以上	あり	あり
		50人超	53万円以上		

（※）本店所在地が東京都23区のみの場合

かどうかの分岐点となります。

　前ページの表は、詳細は省略していますが、2020年8月現在の法人税に関する要旨です。

　均等割は、表にあるとおり従業者50人以下か50人超かによって金額が変わります。

　前ページ表は、東京都23区に本社があり、他の地域に拠点がない場合を想定していますが、本店が他の市区町村にある場合や、本店以外の拠点が他の地域にある場合には、法人税は市区町村単位で異なる計算となるため、あくまでも概念を理解するための参考としてください。

③上場準備や、資本金5億円以上となったら必要な会計監査

　上場時には、過去2期間の決算に対し監査法人からの監査証明が必要となります。

　そのため、上場を準備している会社は、遡及監査というような例外を除き、原則として上場3年以上前から監査法人による会計監査のうち、**「準金商法監査」**という任意監査を受けることになります。

　一方、上場が直近に迫っていなかったとしても、ベンチャーキャピタル等の大型資金調達により、資本金が5億円以上になると、決算を世間に公表する**「決算公告」**において貸借対照表だけでなく、損益計算書の開示も求められ、かつ監査法人や公認会計士による「法定監査」が必要になります。

　法定監査を行なう団体や人は、会社法上は**「会計監査人」**と呼ばれ、株主総会で選任後に登記簿謄本に記載されます。

【法定監査とは】

　法定監査とは、会社法や金融商品取引法といった法律にもとづいて、会社の決算を外部の独立した監査法人等に監査されることをいいます。

　たとえば、監査の代表的な手続きには、「実査」「立会」「確認」

と呼ばれるものがあります。

- **実査**…会社の現金残高など資産が実在するか、実際に目で見て数を数えて確かめる手続き

- **立会**…期末日に在庫の数を会社が実際に目で見て数える「実地棚卸」に同席し、在庫が正しく計上されているか確かめる手続き

- **確認**…会社と取引がある銀行や、一部の得意先・取引先に、監査法人が直接、会社の債権や債務の金額が正しいか、確認する書面を送る手続き

税金の基本を理解しておこう

 財務・経理の3つの重要ポイント

　財務・経理は、企業の重要なカネに関わることであり、起業当初から興味をもっている経営者も多いかもしれません。しかし、それをどのように管理すればよいか、意外とご存じないことも珍しくありません。

　財務・経理の重要なポイントは以下の3つです。

①税金の基本を理解しておこう

②資金繰りの重要性を理解しよう

③税務と会計の違いを理解しよう

　そこで、それぞれについてこの項から順次、解説していくことにしましょう。

　1つめの重要ポイントは、「税金の基本を理解しておこう」です。

　会社には、さまざまな税金を納める義務があります。それぞれの種類によって税率も異なり、また税制は頻繁に改正が行なわれます。

　これらの税金のしくみを理解しておくと、節税のためのタックスプランニングだけでなく、研究開発や資金調達など将来の計画と事業計画について、高い精度で税金コストと整合性を図ることが可能になります。

 法人税とは

　法人税は、法人の所得に対してかかる税金で、原則として税金計算上の利益である「**課税所得**」に対して課税されます。

　30ページの表にあげた、「**均等割**」と呼ばれる、資本金と従業員数に応じて、利益が出なくてもかかる法人税もあります。

資本金が1億円を超えると、外形標準課税と呼ばれる制度により、最終利益に対する税率が外形標準非適用の場合に比べ約3〜4％下がるものの、「付加価値割」と呼ばれる異なる利益概念に対してかかる税金や、「資本割」と呼ばれる資本金や資本準備金などの合計額に対して固定的にかかる法人税が発生します。

法人税の詳細についてすべてを理解するのは困難なので、詳しくは、顧問税理士などに相談するのが賢明です。

消費税とは

消費税は、消費活動に対してかかる税金です。

消費税は法人税と異なり、企業が直接負担する税金ではありません。消費税は本来、消費者が最終的に負担すべき税金ですが、企業がその一部を代わりに税務署に納めるしくみとなっています。

消費税を「コスト」と呼ぶ企業もありますが、消費税を負担しているのは消費者です。そのため、貸借対照表（英語ではバランスシート（Balance Sheet）。「B／S」ということも）のように整理して考えるほうが、上場をめざすような会社にとっては健全ではないかと考えています。

たとえば、次のように考えます。

①個人として私用のためにボールペンを購入すれば、税抜100円、税率10％の場合、税込110円の支払いとなり、10円の税金は個人が負担したことになります。ただし、この10円は税務署に納めておらず、あくまでもボールペンを購入した企業に対して預けているといえます。

②ＩＴ企業が事務用品費としてボールペンを購入すれば、税抜100円、税率10％の場合、「100円の事務用品費＋10円の仮払消費税（資産）」の支払いとなり、仮払消費税の10円は、原則として赤字企業であれば還付請求をして、黒字企業であれば課税売上（国内の一般的

な売上）に伴う納税と相殺されるため、企業にとっては直接的なコストではないといえます。

③文房具会社としてボールペンを購入（原価：税抜90円と仮定）すれば、「税抜90円＋仮払消費税9円（資産）」の99円に対して会社の課税売上は「税抜100円＋仮受消費税10円（負債）」の110円です。つまり、税抜ベースで10円儲かり、税務署に収めるべき税金は消費者から預かった10円から仕入先に払った9円を差し引いた1円となり、こちらも企業にとっては直接のコストではないといえます。

　なお消費税は、業態や国をまたがった取引（Googleなど海外のＩＴサービスの利用、リバースチャージ（商品を仕入れた側が消費税を納めること）などを含む）により10％の処理か0％の処理かによって、コストが最大10％変わるという間違えた処理の原因になることもあり得ます。

　さらに消費税は、資本金が1,000万円以上か未満か、課税売上高が1,000万円を超えるか以下かなどによって課税パターンが異なります。

　また、課税売上高が5,000万円以下だと適用できる「簡易課税」や業種により税金計算が異なるなど、規模が大きくなるにつれ、どのような選択を行なうかで最終的な納税額が異なることもあります。

　消費税の処理は、このように意外と複雑で間違いも多いため、顧問税理士などのチェックが必要な税金といえます。

 ## 源泉所得税とは

　会社の税務は、法人税や消費税だけでなく、個人の所得税についても影響を受けます。

　たとえば、役員や従業員の給与は会社から総額を支給するのではなく、支給額から所得税の源泉徴収や社会保険料の個人負担分を差

上場審査と税金

··

　上場審査は、証券取引所と主幹事証券会社によって行なわれます。

　証券取引所は、どの本店所在地でも上場申請可能な東京証券取引所（東証）、名古屋証券取引所（名証）、地域に本支店があるなど地域性要件がある北海道の札幌証券取引所（札証）、九州の福岡証券取引所（福証）の４つがあります。

　たとえば、海外上場をめざす場合には、アメリカNASDAQやシンガポールSGXなどがありますが、日本の会計基準は使えず、米国会計基準や国際会計基準を用いて、現地の証券会社とのコミュニケーションが必要になり、日本での上場とは取扱いが異なります。

　主幹事証券会社は、証券会社の免許を持つ会社のなかでも、上場審査機能を有する一部の会社に限られ、日本の場合、全体で20社もありません。

　上場審査の手続きに係る資料は、東証を中心に、申請に必要な資料一覧や所定の提出用フォーマットをホームページで公表しており、主に会社のビジネス概要や経営管理体制などを記入します。

　東証の審査は、「日本最高峰の会社の実態調査」といっても過言ではありません。M＆AにはＤＤ（Due Diligence：企業の総合的評価）というプロセスがありますが、上場審査は３か月前後で、会社が株

し引いて振り込むことが義務づけられています。

　これは原則として、法律の規定にもとづいて行なうものであり、会社側が所得税等を差し引かずに総額を支給したとしても、その責任は支給された役員・従業員には転嫁できません。なぜなら、源泉徴収という制度が法令で規定されており、源泉徴収の義務は会社にあるからです。

　毎月の給与や臨時的な賞与に加え、ストックオプションや従業員

式市場への上場にふさわしいかどうか多角的に判断する必要があり、取引所の審査は、資本市場入口の最後の門番として重要な役割を果たしています。

上場後の投資家が、不祥事や不適切な管理体制で損害を被ることのないよう、上場準備期間を知る監査法人や主幹事証券会社が過不足なく会社の管理体制等を見守っているか、最終的な判断のために最善を尽くしています。

上場をめざす会社は、最善の管理体制を構築することが当然に期待されます。

そのようななかで「税金」は、法令違反という視点から、上場申請する決算期から過去3年間において重加算税という重い違反行為を行なっていないか審査され、軽微な違反であっても、その内容や再発防止に向けた体制の整備、運用状況について説明する必要があります。

たとえば、源泉所得税を毎月10日に支払わなければならないのに、担当者が病気で納付が1日遅れてしまった、ということが起きたら、会社には税務署から書面が届くかもしれません。上場をめざす会社は、当然、このように期日に遅れることのないよう、どのような決算・納税を行なう体制を構築しているのか、模範的な法令遵守やその説明が求められます。

社宅、その他特殊な福利厚生手当や制度等を設けている場合には、その処理についても源泉徴収の影響を受けるため、税理士や社会保険労務士などへ相談することが賢明です。

また、従業員等への給与以外に、弁護士や税理士などへの報酬の支払いについても源泉徴収は適用されます。弁護士法人や税理士法人への支払いであれば、支払先が法人なので源泉徴収は不要ですが、一般的に士業の人は個人事業主として開業しており、そうした個人

相手への支払いについては、企業側に源泉徴収の判別と納付の義務が課されているのです。

　士業のほかにも、デザイナーや一部のエンジニア、記事を書くライターやカメラマン、グローバルな会社であれば外国在住のイラストレーターなどの個人相手の支払いにも源泉徴収が必要です。特に、相手が外国在住の場合は租税条約の適用などに注意する必要も生じるので、その場合は顧問税理士への相談が賢明です。

　また、従業員50人以上の会社（事業所）においては「産業医」の選任義務がありますが、この産業医への支払いについても源泉徴収の必要があるか、注意しなければなりません。

 ## 事業所税、固定資産税とは

　事業所税は、特定の市区町村（人口30万人以上等）で事業を行なう会社に課されるもので、「資産割」と「従業者割」があり、資産割は1,000㎡以下、従業者割は100人以下など一定の免税点があるものの、規模が大きくなる場合には注意が必要です。

　固定資産税（償却資産）は、市区町村単位で、毎年1月1日時点で、土地や建物などの有形固定資産を有する会社に課税されるものです。対象額は150万円など、一定規模までは免税される余地があります。

　ＩＴ企業で一般的な例では、1台20万円以上のパソコン（備品）やオフィスの内部造作（建物）に課税されます。例外として、税制上の優遇措置の適用や個別に減価償却するなどした場合は異なる取扱いになることがあるため、詳細は市区町村のホームページ等で確認するか、顧問税理士に相談するとよいでしょう。

資金繰りの重要性を理解しよう

 ■ 資金繰りは適切に管理できているか

　財務・経理の２つめの重要ポイントは、「資金繰りの重要性を理解しよう」です。

　資金繰りが適切に管理できれば、借りたお金とその返済や、取引先や従業員への支払いなど、お金にからむ先の予測ができるようになります。

　逆に、資金繰りが適切に管理できなければ、資金が足りなくて黒字でも倒産してしまうことがあり、会社経営にとっては生命線となり得るポイントです。

　財務・経理において、資金繰りについて設立当初から留意しておくことで、会社の成長は加速されやすくなるともいえるので、資金繰りはとても重要なポイントです。

 ■ 資金繰りは、入金予測と出金予測が基本

　会社の設立資金を調達してから、その資金が底をつき、借りたお金や支払い義務のあるお金を支払えずに倒産することのないように、お金の出入りを管理していくことは重要です。

　つまり、入金の予測と出金の予測の両方を行なっていくことが大切になります。

　まず**入金予測**とは、顧客からの売上の回収のことです。ビジネスモデルとして先に売上金を預かるオペレーションであれば、後で回収するより不良債権や焦付きといった与信リスクは下がります。

　通常、サービスの提供等にあたっては、契約書で「月末締め・翌月払い」「月末締め・翌々月払い」などさまざまな回収期限（回収サイト）を定めています。

しかし、納品内容にクレームがつくことによる納品時期の遅延や、顧客側の資金繰りや事務ミスなどにより、すべて期日どおりに入金できるとは限りません。

　特に、外国企業に納品する場合、全額を後払いにするのは基本的にお勧めしません。日本とは異なり、外国では商慣習の信用力が読めないことが多く、期日どおりに入金されず督促に余計なエネルギーを割かれたり、極端なケースでは外国の納品先が倒産したり、といった事例が後を絶たないからです。

　その対策としては、半額は取引開始前に入金を要請するなど、与信リスクを下げることをお勧めします。

　一方、**出金予測**とは、顧客との契約の逆で、契約書で定めた期日どおりの支払いを予測することです。経営がひっ迫した状況においては、取引先に支払いの猶予をお願いすることがあるかもしれませんが、信用不安が生じると、業界に「あの会社は経営が危ない」といった噂が広まり、将来的な信用にも関わるため、支払期日は必ず守る前提で予測していきましょう。

　ときどき、帝国データバンクや東京商工リサーチのような信用調査会社から自社に調査依頼が入ることがあるかもしれません。

　それは、定期的な訪問で、たまたまあなたの会社に訪問するということもあり得ますが、取引先が取引審査をするために、あなたの会社の信用リスクを調査依頼している場合もあります。

　以上のように、入金予測・出金予測を行なって、毎月いくらの資金が必要になるか（一般に「バーンレート」と呼ばれ、「資本燃焼率」ともいわれます）考えながら、状況に応じて借入や資本などの調達も適宜検討していきます。

 ## 固定費と変動費を分けて考えよう

資金繰りを考えていくうえで、固定費と変動費という視点は重要

です。

　たとえば、人を雇えば、特に正社員の場合は簡単に解雇できません。つまり人件費は、代表的な固定費となります。

　また、会社が大きくなり単独でオフィスを借りれば、一般的に2〜3年の契約期間中には途中解約すると違約金が取られるなどするため、オフィス賃料も固定費といえます。

　つまり固定費とは、毎月必ずかかる費用です。

　一方、売上を上げるためにかかる原価や販売代理店に払う手数料などは、売上に紐づく変動的な費用ですから変動費といえます。

　固定費と変動費のどちらの割合が高いほうがよいという正解はありませんが、たとえば固定費の割合が高いと、売上が落ちた場合、固定費が重くのしかかる一方、売上が大きく出ている場合には、変動費がかかりづらいため儲けやすくなります。

　このように、固定費・変動費はビジネスモデルと密接に連動するため、楽観的な計画、保守的な計画、など2、3のパターンを比較しながら、事業計画をつくっていくと、会社の経営状態をつかみやすくなります。

 ## 創業時にお金を借りるメリット

　最近、公的な機関が創業する会社に融資する制度が広がっており、市区町村や日本政策金融公庫などがさまざまな制度を設けています。

　融資は、返済不要な国や自治体の助成金・補助金と異なり、税金等の財源を基礎とした他人のお金であり、いつか返済しなければならないものです。

　その点に注意すれば、投資リターンを要求される民間の外部資本に比べれば、資本コスト（お金を投じてくれた人に返すリターン）は低くて、借りた資金の使途も通常融資に比べると制限されないことが多いため、創業融資の利用は使い勝手がよい資金といえます。

エンジェル投資家

個人の私財の範囲で、自らの裁量により投資を行なう個人投資家。

アクセラレーター

高い成長を期待される「スタートアップ」企業の成長を加速する
サポートプログラムを有する組織。

VC（ベンチャーキャピタル）

ベンチャー企業に出資して株式を取得し、将来的にその企業が上
場する際に株式を売却し、大きな値上がり益を得ることを目的と
した投資会社。

 ## 外部から資本を入れる場合は資本政策を考えよう

　会社を設立し、サービスが形になっていないアイディア段階で外
部資金を募る場合は、**エンジェル投資家**と呼ばれる、文字どおり"天
使のような"すでにIPO化した経営者や篤志家、そしてシード（ア
イディアが種の意）期に投資をする**アクセラレーター**や**VC（ベン
チャーキャピタル）**からの調達が考えられます。

　会社を設立してから上場するまでに、どのような資本構成で臨む
かという「**資本政策**」は、人の生き方がさまざまあるように、会社
の経営のしかたもさまざまあるので、正解はありません。

　上場時の1つの目安としては、創業者が約67％（役員解任権など
株主総会の特別決議に必要な議決権割合）、約50％（役員選任権な
ど株主総会の普通決議に必要な議決権割合）、約34％（特別決議を
否認できる議決権割合）の出資比率などをめざすのが健全ではない
かと思います。

　もちろん、企業経営にはリスクがつきもので、その過程で思うようにいかず創業者自身の持株比率を下げてでも、外部から資金を調達しないといけない状況がくることはあると思います。

　正解はない世界ですが、たとえば起業1年目ですでに外部資本が50％というような状況では、その後大きく花開くような話は聞いたことがありません。自分が尊敬する経営者が、上場時には何割の株式を所有していたか調べてみるのもよいでしょう。

　資本政策のアドバイスを求められた際には、「株式の持分は、自分の体の一部とたとえてみてください」と答えることもあります。

　たとえば、出資比率10％の株式を1,000万円で出資してもらうとしたら、自分の右腕や内臓（10％）を1,000万円で売ったと考えてみてください。

　脳や体の大半は自分の思いどおりになりますが、右腕や内臓はコントロール権を失い、その対価として1,000万円があるから生きていく原資になり、これから果敢にチャレンジできるというわけです。

　極端な例で耳触りがよい話ではないですが、このたとえが示すように、他人からお金を出資してもらう代償は小さくありません。

　そのため、気軽に外部資本を入れるのではなく、ここぞという勝負をしたいときに、外部の株主からお金を調達することをお勧めします。

2-4

税務と会計の違いを理解しよう

 上場企業の経営者なら説明できる程度には理解を

　財務・経理の３つめの重要ポイントは、「税務と会計の違いを理解しよう」です。

　上場をめざす経営者にとって、税務と会計のそれぞれの法律条文や会計基準などを細かく抑えるということまでは必要ないと考えます。

　しかし、なぜ税務と会計が異なるのか、自分の言葉で説明できる程度に理解しておくことは、企業価値の最大化を説明する責任がある上場企業経営者の素質として必要と考えます。

 税務の留意点

　税務でいえば、「納税期限を守る」「脱税まがいの節税話に興味をもたない」「納税の資金繰りを考えておく」ということを守っておくとよいと思います。

　会計は、上場をめざすうえでは１つのカギとなりますが、税務は中小企業でも上場企業でも大きくルールが変わらない一方で、上場企業の会計は税務と大きく異なります。

　税務は、管轄する法律にもとづいて取扱いが決まっており、会計のように理論一辺倒ではなく政府の財源の方向性を踏まえて決まります。毎年のように税制改正が行なわれ、特定の業態や活動に対して税率を下げたり上げたり、ということが行なわれます。

　具体的な例では、「交際費」があります。交際費は、得意先など取引関係がある人に接待等を行なう費用ですが、現在の法人税法では全額を税務上の費用、いわゆる「損金」とすることは認められていません。

44

　１人当たり5,000円以下の飲食費で相手の氏名を記載すれば損金として認められたり、資本金規模が１億円以下の会社においては例外的に一部認められたり、その制度も年度によって変わったりと、政策によって変わります。

　上場審査においても、「交際費は内容や稟議の状況などが確認される」といわれることがありますが、他の勘定科目に比べ、怪しい取引関係がないか確認するには、経営方針が見えやすい勘定科目です。

　上場は会社が公器となるという意味で、「公私」の判断が経営者に問われます。その意味でも、役員報酬に近いようなものや会社の費用として必然性が乏しいものを無理やり経理に押し付けるか、個人のポケットマネーや役員報酬の範囲内で負担するか、経営の判断や姿勢の一部が垣間見られるポイントです。

　このように税務は、政策によってさまざまな点が改廃されますが、一般的な理解としては、税逃れ、たとえば売上を隠したり費用を上乗せしたりして、できるだけ利益を減らして、納める税金を減らそうとすると、税務署は罰するものだと考えると、わかりやすいと思います。

　理論だけではなく、いわば政治で決まるのが税務なので、国が変われば税の制度も変わり、たとえば海外子会社が増えれば問題となる点も増えます。

 会計の留意点

　一方、会計は、日本や米国は独立した基準を設けているものの、世界的にはＩＦＲＳ（国際財務報告基準）という基準にもとづいて決まっています。投資家が比較しやすいように共通ルールとなるものが「**会計基準**」です。

　また、税務とは異なり、投資家に実態を超えてよく見せたり、利益が出ていないのに利益が出ているように操作したりしていないか

報告数値等の品質を担保するために、「**会計監査**」という制度もあります。

　税務は、会社側に利益を少なく見せるインセンティブが働きやすいので、税務当局は利益を少なくして税金を減らそうとすることを牽制します。逆に会計は、会社側に利益を大きく見せるインセンティブが働きやすいので、会計監査が行なわれ、金融庁は投資家に利益をよく見せるような粉飾を牽制します。

　したがって、税務と会計では、上記のような意味から利益に対する見方が相反する性質があるのです。

　このように立場が異なるなかで、上場企業は税務も会計も踏まえた正しい会計処理を行なう必要があります。取引の記録は、税務も会計も入金時ではなく、「発生」日とする「発生主義」を原則としています。中小企業では年に一度の税務申告のタイミングのみを意識することもあり、実務として「発生」タイミングを意識していない会社も少なくありません。

　上場企業をめざすには、財務・経理のチームを徐々にレベルアップするだけでなく、「**内部統制**」と呼ばれる、不正の発生を未然に防ぎ、かつ会社を効率的にまわすしくみを整えて定期的に評価し、内部監査や監査役という機能や機関を設けて、会社の会計数値が正しくあるようレベルアップを図ります。

　このレベルがアップしていくと、会計の視点からの業績予想や事業計画の精度も高まり、上場企業として適切に財務報告を行ない、投資家から資金を調達し、信用を得て持続的な企業価値の向上をめざす礎となります。

　4章では、会社設立から決算までの実務上の手続きなどを解説しますが、そういった各論に入る前に、本章で取り上げた財務・経理の基本的な考え方や重要ポイントを理解しておくことは大切です。ぜひ、頭に入れておいてください。

3章

これだけは知っておきたい！労務管理の重要ポイント

執筆◎寺島有紀

3-1 労務管理の全体像を知っておこう

労務管理とは

　そもそも**労務管理**とは、企業の経営資源であるヒト・モノ・カネの3要素のうち、「ヒト」を対象として行なわれるもので、企業の管理業務のなかでも従業員（労働者）を管理する業務のことをいいます。

　企業の経営活動は、「企業で働く従業員」によって行なわれるものです。従業員に適切な労働環境が提供されていなければ、モラルの低下や生産性の低下等により、企業活動が停滞してしまいます。

　昨今では、働き方改革に代表されるように、労働者の働く環境を、より適切に守っていこうという動きが加速しており、毎年のように労働関連法が改正されています。

　こうした法律を守っていない場合は、行政から罰則を科され、最悪の場合は送検されてしまうこともあります。

　したがって労務管理は、企業として公正な事業活動を行なうためには欠かせないものです。

　なお、労務管理と似た言葉に**人事管理**というものもあります。法律上、明確な定義はありませんが、一般的には以下のように使い分けられていることが多くなっています。

- **労務管理**…労働条件通知書・就業規則等の管理、社会保険・労働保険の管理、勤怠・給与の管理、健康診断等安全衛生関連業務
- **人事管理**…採用業務、人員配置管理、人事考課制度の設計・運用

　一般に労務管理に分けられる業務は、労働基準法や労働安全衛生法、健康保険法といった国によって定められている法律に従って行なわれるものが多くなっています。

　また、労務管理の対象者は雇用契約を結ぶすべての「労働者」です。

　そのため、委任契約となる会社法上の取締役や、業務委託契約や業務委託による者はこの労働者には該当しません。

　労務管理は、法律の要請にもとづいて行なわれる必要があるものが多く、また労働者を雇うと必要となるものが多いため、起業間もない企業でも労務管理は避けて通れないものになっています。

　一方で、人事管理は、会社が人員配置、人事考課など、法律とは別に、独自で決定する余地が大きいものが多くなっています。

　人事考課等は、従業員規模に応じて必要となってくるものではありますが、起業間もない企業については、まずは労務管理を押さえておく必要があるといえます。

 労務管理の全体像をみておこう

　労務管理の各論を見ていく前に、労務管理の全体像をとらえておくと、その後の理解の促進に役立つと考えます。

　そこで、ここではいくつかの視点から、労務管理の全体像をみていきます。

①年間スケジュールでみる労務管理の全体像（労働者30名未満の法人を想定）

　初めて労務に携わる人は、「いったい月ごとにどのような手続きが必要になるのだろう」「労務管理の１年のスケジュールはどうなっているのだろう」ということが気になると思います。

　次ページの表は、労働者１名以上30名未満の法人が、月ごとに必要となる労務関係の手続きをまとめたものです。

◎労務関連の年間カレンダー（従業員30名未満を想定）◎

	社会保険・労働保険関連	給与計算	労働基準法関連
4月		・健康保険料率改定（4月納付分〜） ・雇用保険料率改定	★36協定等の更新（有効期限が4/1〜の場合）
5月			
6月		・住民税変更	
7月	7/10：**労働保険料申告手続き**（年度更新） 7/10：**健康保険・厚生年金標準報酬見直し**（被保険者月額算定基礎届）		
8月	●賞与支払届の提出	●賞与計算	
9月			★定期健康診断実施
10月		・法定最低賃金変更 ・算定による標準報酬月額変更	
11月	被扶養者状況リスト提出		
12月	●賞与支払届の提出	・**年末調整** ●賞与計算	
1月			
2月			
3月			

　なお、この図の太字のものは、どの企業でも必ず必要となる基本的な手続きです。また、●は、必要があれば行なう手続きです。★は、どの企業にも必要な手続きですが、1年に1回実施されていれば、4月以外の月に行なっても特段問題ないものです。

　この表にあるように、労働者30名未満の場合には、そこまで行なうことは多くないことがわかるかと思います。

②労働者の人数ごとに必要となる労務管理の全体像

　①では、30名未満程度という法人を想定した年間スケジュールを示しました。

　労務管理は、労働者の人数が増えるにつれ、労働法関連の義務となる事項も増えるため、大変になります。

　次ページ表に、労働者の人数ごとに必要となる労務関連の義務となる事項をまとめておきました。

　労働者が1名でも行なわなければならないことがあることがおわかりいただけると思います（表の10名未満の箇所）。また、50名以上となると、労働安全衛生法関連の義務、つまり従業員の健康に関する義務が増すことがわかります。

　労務管理は、労働者の人数ごとにやるべきことが増えるということも頭に入れておきましょう。特に節目となる10名、50名、100名、300名といった数字は覚えておくと役立つと思います。

◎労働者人数別の労務関連の義務事項◎

労務関連義務 ＼ 従業員人数	10名未満	10名以上 50名未満	50名以上 100名未満	100名以上 300名未満	300名以上
労働基準法関連	・労働条件通知書 ・36協定その他必要な労使協定の締結・届出	就業規則の作成・届出			
社会保険・労働保険関連	社会保険・労働保険の加入				（500人以上）短時間労働者の社会保険適用義務【2022年10月から101人以上から義務化、2024年10月から51人以上から義務化】
労働安全衛生法関連	・雇入れ時の健康診断の実施 ・定期健康診断の実施	衛生推進者（安全衛生推進者）の選任	・産業医の選任・届出 ・衛生管理者（安全管理者）の選任・届出 ・衛生委員会（安全委員会）の設置 ・定期健康診断結果報告書の届出 ・ストレスチェックの実施・報告書の届出 ・休養室の設置	統括安全衛生管理者の選任・届出（建設業、運送業等一定の業種の場合）	
その他法令		・（30人以上）高年齢者雇用状況報告書の届出 ・（45.5人以上）障害者雇用状況報告書の届出		・一般事業主行動計画の策定・届出・公表（次世代育成支援対策推進法） ・障害者雇用納付金の納付 ・マイナンバー規程の策定（特定個人情報保護法）	女性活躍推進法上の行動計画の策定・届出・周知・公表【2022年4月1日より100名以上から義務化】

52

③従業員に関する主な社会保険・労働保険の手続き

　最後に、個別の従業員ごとに必要となる社会保険・労働保険関連の手続きについても覚えておくと、労務管理の全体像をとらえることができると思います。

　個々の届出書の名称などは覚える必要はないですが、特に表の一番左の欄の「イベント」に、どのような種類があるのかを把握しておくと、いざ従業員から申請があった際にも、スムーズに対応できるはずです。

　次ページ以下の表には、主要な手続きはすべて記載していますので、関連イベントが発生したつど、この表を参考にすれば実務上は困ることはないと思います。

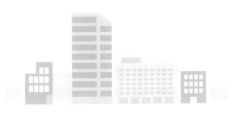

◎従業員に関する主な労務関連の手続き　早見表◎

イベント		健康保険／ 厚生年金保険	雇用保険	労災保険
入社	社会保険・雇用保険の被保険者となるとき	健康保険・厚生年金保険被保険者資格取得届	雇用保険　被保険者資格取得届	――
退社	社会保険・雇用保険の被保険者でなくなるとき	健康保険・厚生年金保険　被保険者資格喪失届	・雇用保険　被保険者資格喪失届 ・雇用保険　被保険者離職証明書	――
扶養家族の追加・削除	健康保険の被扶養者がいるとき・増減したとき	被扶養者（異動）届・国民年金３号被保険者関係届	――	――
氏名変更	氏名が変更になったとき	健康保険・厚生年金保険　被保険者氏名変更（訂正）届	雇用保険　被保険者氏名変更届	――
住所変更	住所が変更になったとき	健康保険・厚生年金保険　被保険者住所変更届	――	――
給与額の大きな変更（昇給・降給）	給与額が変更し２等級以上、標準報酬月額が変更するとき	健康保険・厚生年金保険　被保険者報酬月額変更届		
出産	出産のため休業したとき	・産前産後休業取得者申出書 ・健康保険　出産手当金支給申請書		
	被保険者または家族が出産したとき	健康保険　出産育児一時金支給申請書	――	
	産前産後休業から復帰して給与に変更があったとき	産前産後休業終了時報酬月額変更届	――	
育児	育児休業を開始するとき	健康保険・厚生年金保険　育児休業等取得者申出書（新規・延長）／終了届	雇用保険　被保険者休業開始時賃金月額証明書	――
	育児休業期間中の給付を受けるとき	――	雇用保険　育児休業給付受給資格確認票・（初回）育児休業給付金支給申請書	――
	養育期間中の標準報酬月額を下げたくないとき	厚生年金保険　養育期間標準報酬月額特例申出書・終了届		――
	育児休業から復帰して給与に変更があったとき	健康保険・厚生年金保険　育児休業等終了時報酬月額変更届		――
介護	介護休業を始めるとき	――	雇用保険　被保険者休業開始時賃金月額証明書	――
	介護休業期間中の給付を受けるとき	――	雇用保険　介護休業給付金支給申請書	

イベント		健康保険／ 厚生年金保険	雇用保険	労災保険
労災（業務上の事故・災害）※労災により障害状態になったときや介護を必要とするとき等は別途給付支給請求書等があります。	業務上の事故やケガにより治療を受けるとき	——	——	・療養保障給付たる療養の給付請求書 ・療養補償給付たる療養の費用請求書 ・指定病院等（変更）届
	業務上の事故やケガにより休業給付を受けるとき	——	——	・休業補償給付支給請求書（平均賃金算定内訳） ・傷病の状態に関する届
	業務上または通勤途上に他人の行為が原因でケガをしたとき	——	——	第三者行為災害届
業務外のケガ・病気・死亡	業務外の病気やケガで給与が支払われないとき	健康保険　傷病手当金支給申請書	——	——
	健康保険の自己負担額が高額になったとき	健康保険　被保険者高額療養費支給申請書、限度額適用認定申請書	——	——
	療養の給付を受けることが困難なとき	健康保険　被保険者・家族療養費支給申請書	——	——
	業務外で他人の行為が原因でケガをしたとき	健康保険　第三者行為による傷病（事故）届	——	——
	被保険者や家族が死亡したとき	健康保険　被保険者・家族埋葬料（費）支給申請書	——	——
60歳到達時	雇用保険の被保険者が60歳に到達したとき	——	雇用保険　被保険者六十歳到達時等賃金証明書	——
	雇用保険の被保険者が60歳到達後賃金が低下したとき	——	雇用保険　高年齢雇用継続給付受給資格確認票・（初回）高年齢雇用継続給付支給申請書	——
70歳到達時	厚生年金保険に加入する従業員が、70歳に到達し70歳到達日以降も、引き続き同一の事業所に使用されるとき	厚生年金保険　被保険者資格喪失届70歳以上被用者該当届	——	——

55

3-2 ▶ 労働者は労働法で守られている 強い存在である

 労務管理の３つの重要ポイント

　日々経営者とお話して感じることですが、特にまだ労働者が10名未満と小さな企業の場合、労務管理の知識、考え方についてほとんど知らないということも珍しくありません。

　労務トラブルを経験して初めて、労働法が定めている企業の義務などを知ったという経営者も多いのではないかと思います。

　財務・経理と異なり、お金に直結していない労務は、経営者の興味が薄くなりがちということもあるかもしれません。

　ただし、実際に労務トラブルとなった場合には、思っていた以上に多大な時間的・金銭的コストがかかることになります。特に未払い賃金が発生している場合など、その清算によって当初描いていた事業計画が台なしになるということもままあります。

　また、事前に労務管理の知識があれば、初動で防げたような労務トラブルも多く存在します。

　社会保険や労働保険の手続きを解説した起業本は多く存在しますが、労働法の基本的な考え方や重要なコンセプトを解説している起業本は意外とありません。

　個別の手続きができるようになることも、もちろん重要です。ただ労務課題というのは、必ずしも解決策が１つではない難題も多くあります。

　起業後にそうした難題に立ち向かう際にも、労務管理の考え方の基礎や重要ポイントを理解しておくことは、必ずやすべての応用的な課題解決にも役立つと考えています。

　本項では、筆者が労務の重要ポイントと考える以下の３つについ

て、この項から順次、詳しく解説していきます。

①労働者は労働法で守られている強い存在である
②未払い賃金の原因となる事項を理解しておこう
③解雇は簡単にできない

労働法は労働者を守る法律である

1つめの重要ポイントは、「労働者は労働法で守られている強い存在である」ということです。

労働法というのは「労働者」を守る法律であり、反対に「使用者」つまり会社側（取締役、管理監督者も使用者側といえます）を律する法律です。

これは非常に重要であり、労務の基本となる概念です。

労務には、いくつか重要なキーワードがありますが、ここでは「安全配慮義務」「労働条件の合意原則」「不利益変更法理」「同一労働・同一賃金」といった事項を取り上げて、労働者がいかに守られている強い存在であるかを解説します。

会社には安全配慮義務がある

労務の世界では、よく**安全配慮義務**という言葉を耳にします。

この安全配慮義務とは、「労働者が安全で健康に働けるよう、企業が配慮すべき義務」のことです。

労働契約法第5条には、「使用者は、労働契約に伴い、労働者がその生命、身体等の安全を確保しつつ労働することができるよう、必要な配慮をするものとする」と安全配慮義務について明記されています。

この安全配慮義務を怠った場合は、民法にもとづく不法行為責任、使用者責任、債務不履行等を根拠として、以下の判例のように、会社側に多額の損害賠償が課されるケースが多くあります。

【ゆうちょ銀行事件】（徳島地判／平30.7.9）

　上司からパワハラを受けて自殺した社員の遺族が、使用者責任および債務不履行責任を根拠に、会社に損害賠償を求めた事件。

　この事件では、亡くなった従業員側の体調不良などが明らかであるにも関わらず、会社側に異動など会社環境の改善を怠った安全配慮義務違反があるとして、約6,000万円の賠償を命じた。

　創業間もない企業の場合、どうしても従業員に対して過剰なノルマや長時間労働を課してしまうケースがあるかもしれません。

　しかし、職場環境に配慮せず就労させ続け、従業員がメンタル疾患等になった場合には、安全配慮義務違反で会社に責任が問われることがあるのだ、ということを理解し、従業員が健康に働ける環境を確保する必要があります。

 労働条件を勝手に不利益変更することは許されない

　経営を続けていれば、よいときもあれば悪いときもあるでしょう。経営が苦しくなれば、従業員の賃金を下げたいという気持ちになるかもしれません。

　ただし、従業員の賃金の減額等、従業員の労働条件を一方的に不利益に変更することは許されません。

　労働契約法第8条には、「労働者及び使用者は、その合意により、労働契約の内容である労働条件を変更することができる」と規定されています。

　つまり、**労働条件を変更するためには、従業員の合意が必要**なのです（「**労働条件の合意原則**」といいます）。

　賃金をアップさせるなど、従業員に有利に労働条件を変更する場

合には、合意など得ずともトラブルとなることはないでしょう。

　問題なのは、賃金減額等の従業員に不利な労働条件の変更をするケースです。

　小さな企業では、口頭で合意を取得することですませるケースがあるようですが、これは記録が残らず、もしも訴訟等になった場合には、従業員から合意を取得したことを証明できません。

　そのため、特に従業員にとって不利となる労働条件の変更を行なう場合には、同意書を策定したり、労働条件通知書兼雇用契約書を作成し直して従業員からも署名・捺印を得る等、記録の残る形で同意を取得することを強くお勧めします。

　このように、労働条件は会社が一方的に変更することはできないということを覚えておきましょう。

 ## 一度作成した就業規則の不利益変更は簡単ではない

　労働条件の変更には合意が必要ということを述べましたが、労働条件の変更の手段については、個別の合意を取得して変更する以外に、会社の就業規則を変更することで、従業員一斉に労働条件を変更するという方法があります。

　就業規則による労働条件の変更についても、労働契約法第9条に定めがあり、「使用者は、労働者と合意することなく、就業規則を変更することにより、労働者の不利益に労働契約の内容である労働条件を変更することはできない」とされています（「**不利益変更法理**」といいます）。

　つまり、就業規則を変更することで労働条件を不利益に変更する場合には、従業員との合意が必要ということになります。

　ただし、同じく労働契約法の第10条において、「一定の場合には就業規則の一斉変更で労働条件を不利益に変更することができる」との規定もあります。

　では、この「**一定の場合**」とはどういうことかというと、以下の

ような要件を満たしている必要があります。

①変更後の就業規則を労働者に周知させること

　変更後の就業規則は、従業員が自ら知りたいときにアクセスできる状態にしておく必要があります。

　就業規則を作成しても、たとえば人事部のみ見られるフォルダ等に格納しておくということでは、周知義務を果たしていることにはなりません。

②労働者の受ける不利益の程度

　あまりにも従業員の受ける不利益が大きい場合、その就業規則の変更は合理的とは認められにくくなります。

　たとえば、賃金を40％減額する等といった変更は極端な減額となり、一般に不利益の程度が大きすぎるので認められないと考えられます。

③変更の必要性

　経営がひっ迫していないにも関わらず、就業規則の不利益変更を行なうといったことは、変更の必要性があるとは判断されません。

　労働条件の不利益変更を行なうに足りる理由がない場合には、その就業規則の変更は認められないと考えられます。

④変更後の内容の相当性

　たとえば、恣意的に一定の労働者にのみ適用されるような不公平な変更は認められません。

　また、就業規則の不利益変更にあたって、一定の猶予期間を設けたり、一定期間の損失補填を行なったりする不利益の緩和措置をとると、不利益変更は認められやすいとされています。

⑤労働組合・従業員等との交渉の状況

　従業員説明会を開き、就業規則の不利益変更の内容を説明して納得を得られるように努めたり、労働組合や従業員代表に加え、より多くの従業員と誠実に交渉を行ない、説明責任を果たしていくということが必要とされています。

⑥その他の就業規則の変更に係る事情

　就業規則の不利益変更が、一般的な社会常識、社会情勢に照らして合理的かといったことも必要とされます。

　就業規則の変更についてはこのように、変更のプロセス、内容の合理性等を鑑みて、有効かどうかが慎重に判断されます。

　就業規則を不利益に変更する場合には、さまざまな制約があることがおわかりいただけるかと思います。

　いずれにしても、一度作成した就業規則は簡単に変えられるものではなく、会社の都合で一方的に就業規則を不利益に変更することは難しいわけです。

　筆者の会社では常々、就業規則は**起業後なるべく早い段階で作成**することをお勧めしています。

　その詳しい理由は５章の５-１項で述べますが、いま説明したように、就業規則は不利益変更が難しいというのも理由の１つです。

　従業員の人数が少ないうちは、インターネット上で拾ってきた就業規則やどこかの企業の就業規則を社名だけ変えて使うというところもあるようですが、いざ「本格的に就業規則を見直そう！」と思ったときには、現行の規定から大幅に不利益変更をせざるを得ないというケースが多くあります。

　このようなことを防ぐためにも、早い段階でしっかりとした就業規則を作成しておくことをお勧めしています。

説明ができない労働条件の差別はできない

　これは、いわゆる「同一労働・同一賃金」という労働法上のルールです。

　「同一労働・同一賃金」とは、企業内の正社員（無期雇用でフルタイムで働く労働者）と、契約社員、アルバイト・パート等の有期雇用者、派遣社員との間での不合理な待遇差をなくすことを目的とするもので、2020年4月から施行されています（中小企業は2021年4月から施行）。

　つまり、2021年4月からは、いかに小さな企業といえども、正社員と有期雇用者・派遣社員の間で、不合理な待遇差を設けることは許されません。

　では、**不合理な待遇差**とはどのような待遇差をいうのでしょうか。
　わかりやすくいえば、「従業員が納得いくような説明ができない待遇差」全般が禁止されるということです。

　同一労働・同一賃金とは、正社員と有期雇用者・派遣社員の労働条件をすべて同一にしないといけない、というものではありません。
　たとえば、業務内容が異なったり、業務の権限が異なっていたり、異動の範囲が異なっていたりする場合には、その働き方の違いに応じて待遇差を設けることは許されています。
　逆にいえば、正社員と有期雇用者がまったく同じ業務内容、責任、権限がある場合には、同一の待遇にしなければならないということになります。

　これまで「正社員には賞与を支給するが、契約社員等の有期雇用者には支給しない」といった取扱いを行なっている企業が多くありました。
　ただし今後は、自社の正社員と有期雇用者の行なっている業務や責任・権限の範囲等に照らし合わせ、合理的な待遇差の範囲にしな

ければならなくなります。

　起業当初から、この同一労働・同一賃金のルールについて知っておけば、起業後の業務拡大期を見すえ、既存の従業員の待遇のベースをどう設定するか、という意思決定も変わってくると思います。

　この同一労働・同一賃金の概念も、頭の片隅に入れておきましょう。

　以上のように、労働者は法律で守られている存在であり、気軽に不利益なことはできないしくみになっていることを理解いただけたでしょうか。

　この基本的な考え方を理解していれば、従業員に対して不用意な対応を行なってしまうリスクを減らせます。会社の経営に携わる人はみな、この点について共通認識として理解しておく必要があります。

3-3 未払い賃金の原因となる事項を理解しておこう

 未払い賃金の請求権が延長された

　労務管理の2つめの重要ポイントは、「未払い賃金の原因となる事項を理解しておこう」です。これも1つめの重要ポイントと同じくらい、起業間もない企業にも必ず知っておいていただきたい事項です。

　未払い賃金が発生しているときに、労働基準監督署の調査（臨検）があった場合には、遡って賃金を支給する必要が出てきます。それに加えて、上場準備期においては、監査法人・証券会社等からも強く未払い賃金の清算を求められます。

　また、従来は賃金などを遡って会社に請求できる時効は2年となっていましたが、2020年4月から**賃金請求権は5年に延長**されることが決まっています（なお、当面は経過措置として5年ではなく**3年**となります）。

　つまり、これまで未払い賃金があっても2年の遡り支給でよかったものが、将来的には5年遡って支給する必要が出てくるということになります。

　今後、未払い賃金が発生してしまっている企業が、その清算をする場合には、これまで以上に一挙に資金が出ていくことになり、企業経営そのものが立ちいかなくなる可能性もあります。

　また、悪いことに、特に上場準備期に従業員（元従業員）から未払い賃金の請求があるケースは少なくありません。

　上場は企業の一大イベントであり、経営者としては必ず成功させたい事項です。したがって企業にとって、この上場準備期に問題が起こることは非常に困ります。

　そのため、多少の和解金を積んででも、穏便に解決して大きな問題にしたくないという企業心理が働きます。

　従業員としても、この機会は未払い賃金請求のよいタイミングというところなのかもしれません。

　上場準備期にこのような未払い賃金請求があると、ただでさえ上場準備で忙しい管理部門は追加の業務が増えることになり、上場が遅れるようなことになりかねません。最悪の場合は、上場を断念しなければならないこともあり得ます。

未払い賃金を防止する対策は

　未払い賃金というのは、労務のなかでも非常に大きな問題です。ですから、この未払い賃金の原因となる事項を起業初期からおさえておくことは、必ず後々の役に立つと考えています。

　未払い賃金を防止するために有効な対策は、次の4つです。

---

①労働時間の概念を理解しよう
②労働時間管理体制・勤怠管理を早く構築しよう
③なんちゃって固定残業代は厳禁
④「管理職には残業代がいらない」に注意

　上記の対策ポイントについて、以下で詳しく説明していきましょう。

労働時間の概念を理解しよう

　未払い賃金の発生を防止するうえでまず重要なことは、「労働時間」の考え方を理解する必要があるということです。

　判例上、労働時間とは、「**労働者が使用者の指揮命令下に置かれていると客観的に判断できる時間**」とされています。

　通常、始業時間から終業時間までは、会社の指揮命令下にあることが明確ですし、労働時間であるというのはおわかりいただけると

思います。

　しかし、未払い賃金の発生リスクは、始業時間前、終業時間後という、いわゆる通常の所定労働時間以外のところに存在しています。

　たとえば、終業時間後に従業員が勝手に残業をしていたとします。

　この場合、会社の許可なく行なっている残業なので、労働時間にカウントしなくていいのでしょうか。つまり、時間外労働とはならないのでしょうか？

　実は、従業員が勝手に残業をしている場合でも、労働時間として認定されてしまうリスクが非常に高いのです。

　会社は、労働基準法により従業員の労働時間を適切に管理する義務があります。

　たとえ会社が許可していない残業であったとしても、残業の申し出をしにくいような社内風土になっていたり、従業員が許可のないまま残業をすることが当たり前になっているときには、労働時間の適正な把握ができていないと判断されます。

　さらに、業務量が通常の所定労働時間内で処理することが明らかに困難な場合には、暗黙の残業指示があったと考えられ、時間外労働として割増賃金の支払いが必要とされます。

　つまり、従業員が勝手に行なった残業でも、労働時間とみなされて時間外割増賃金の支払いが必要になってしまうのです。

　このような事態を避けるためには、企業としては、まず従業員の残業を「許可制」とすべきです。昨今、クラウド労務管理ソフト等において、残業申請が出せるシステムを備えているものも多くあります。そうしたソフトを利用して、残業については事前に申請してもらうという運用がお勧めです。

　ただし、その際には、特に次の2点に注意が必要です。

①許可がなければ残業してはならないという運用を徹底すること

　残業を許可制にしていたとしても、事実上、社内で頻繁に許可な

しでの残業が行なわれていて、会社もそれを認識している状態の場合は、判例上、たとえ残業の許可がなかったとしても、会社が時間外労働を黙認していたものと認定されてしまうケースが多くあります。

　つまり、「言葉にはしていないが、黙示の業務指示があった」という状態として認定され、残業代の支払いが求められるのです。

　残業許可制を導入する場合は、形式上だけではなく実態が伴うように留意してください。

②時間外労働が避けられない場合の対応

　企業として、時間外労働が避けられないときに、業務の割り振りや負担軽減等の対策が講じられず、従業員がやむを得ず許可のない時間外労働を行なわざるを得なくなってしまった場合は、これも黙示の業務指示があったものとして、労働時間に算入し、残業代の支払いが必要となってしまいます。

　「うちの会社は、残業は許可制だから、許可のない残業は一切認めない」と突っぱねるだけでなく、残業をしなければならない状況を認めつつも、業務負荷の軽減や、業務の割り振りを見直す等の対応をとり、従業員自身が「内緒で許可なしに残業しなければ仕事が回らない」という状態にならないようにすることにも留意が必要です。

労働時間管理体制・勤怠管理を早く構築しよう

　労働時間の管理体制を構築するということも、未払い賃金発生の防止には有効です。

　未払賃金が生じてしまう原因として、勤怠管理に問題があるケースも多くあります。起業間もない企業の場合は、そもそも勤怠管理自体を行なっていないということもあるかもしれません。

　小さな企業の場合、勤怠管理として、エクセル等で自己申告をさせて、しかも毎日自動的に9時〜18時と記載させている、といった

企業もあるようです。

　勤怠管理が曖昧な場合は、そもそも時間外労働が何時間だったのか、深夜労働時間・休日労働時間が何時間だったのかという賃金計算自体が正しく行なえません。

　勤怠管理をしないほうが残業代を払わなくてよいのではないか、という考え方をする企業もあるようですが、それはまったくの逆です。

　従業員の手書きの勤怠記録のメモを根拠に、会社が割増賃金の支給を求められた判例もあります。

　勤怠記録がない場合、会社としては、従業員から言われるがままに残業代を支払うということにもなりかねません。

　また、勤怠管理については、2019年4月より労働安全衛生法が改正され、すべての労働者の労働時間を客観的な方法（タイムカード、ICカード、PC打刻）で把握することが法律で義務づけられました。

　自己申告も認められないわけではありませんが、自己申告が正しく行なわれるよう、従業員に対して十分な説明を行なうことや、自己申告により把握した労働時間が実際の労働時間の状況と合致しているかについて、必要に応じてPCログと照らし合わせたりすることが求められています。

　最近では、クラウド勤怠管理ソフトなどを活用すれば、安価で、労働時間を客観的に把握できるサービスを導入することもできます。

　未払い賃金の発生防止の観点からも、従業員規模が小さいうちに適切な勤怠管理体制を整備しておくことを強くお勧めします。

 ## なんちゃって固定残業代は厳禁

　固定残業代とは、「みなし残業代」と呼ばれることもありますが、あらかじめ一定時間分の残業代を支給する賃金に含めておく制度のことです。

　たとえば、「月給には月40時間の時間外労働を含む」などと労働条件通知書等に記載されている場合には、月40時間までの残業代はあらかじめ支給してあるので、40時間を超えないと追加の残業代は支給されません。

　固定残業代には、企業にとって以下にあげるような3つのメリットもあり、多くの企業で導入されています。

①**求人の賃金の見栄えがよくなり、採用力アップにつながる**

　求人票等に自社の賃金を載せる際に、基本給だけとするよりは、みなし残業代を上乗せするほうが、総額が大きくなり、求人上の見栄えがよくなります。

②**基本給としてまるまる支給するよりも、残業代の単価の削減になる**

　残業代の単価を算出する際のベースとなる賃金には、固定残業代部分は含まなくてよいとされています。

　そのため、単純に「基本給30万円」とするよりも、「基本給23万円、固定残業代7万円」といったように分けて総額で30万円の支給としたほうが、残業代の抑制になります。

③**割増賃金の計算が簡便化できる**

　固定残業代は、残業代の前払いです。そのため、そもそも毎月の時間外労働が少ない企業などは、従業員の時間外労働があらかじめ支払っている固定残業代の時間数未満であれば、煩雑な割増賃金計算の必要がなくなります。

　このようなメリットがあることから、起業間もない企業からも固定残業代は関心が高いところです。

　ただし、この固定残業代をめぐっては誤った運用をしている場合

が多く見受けられます。

　たとえば、あらかじめ40時間分の時間外手当を固定残業代として支給しているとした場合、40時間分を超える時間外労働が発生したときは、その超えた分については追加で時間外手当を支給する必要があります。

　また、固定残業代制度の取扱いで重要な点として、「通常の労働時間の賃金に当たる部分」つまり基本給部分と、「時間外労働の割増賃金に当たる部分」つまり固定残業代部分とを、明確に区分できるようになっていなければ、そもそも固定残業代として有効にはなりません。

　たとえば、労働条件通知書において「基本給30万円（※固定残業代を含みます）」と記載されている場合、そもそも何時間分の時間外労働がカバーされているのかがわかりません。

　このような曖昧な記載にもとづく固定残業代は無効となります。

　正しくは、「基本給23万円／固定残業代７万円（40時間分の時間外労働分とする）」のように、固定残業代として何時間分支給しているのかがわかるよう明確に記載しなければなりません。

　固定残業代は誤った運用で、なんとなく導入した気になっている企業が多いようです。このような、"なんちゃって固定残業代"にならないよう留意が必要です。

　固定残業代制度を導入する場合には、労働条件通知書等によって、通常の労働時間の賃金に当たる部分と時間外労働の割増賃金に当たる部分とが明確に区分されている必要がある、ということを必ず覚えておきましょう。

 「管理職には残業代がいらない」に注意

　「管理職になると残業代がつかない」といったフレーズをどこかで聞いたことがあるかもしれません。

　労働基準法では、「監督若しくは管理の地位にある者（通称、管

理監督者）」については、時間外労働、休日労働、休憩などの規定の適用除外の対象としています。

　つまり、「労働基準法上の管理監督者」に該当する場合には、時間外労働や休日労働を行なった場合でも、その分の残業代の支払いは不要となります。

　しかし注意が必要なのは、たしかに時間外労働と休日労働の際の割増賃金は不要となるのですが、**深夜労働の際の25％上乗せの割増賃金は、管理監督者でも必要**となります。

　そのため、冒頭の「管理職になると残業代がつかない」というフレーズは、正確には「管理職になると深夜割増賃金以外の残業代はつかない」ということです。このことを、まずおさえておきましょう。

　また、この深夜割増賃金以外の残業代の支払いが不要となる「**管理職」の定義**についても注意が必要です。

　深夜割増賃金以外の残業代の支払いが不要となるのは、「**労働基準法上の管理監督者**」に該当する場合です。

　会社で一般に使われる「管理職」の定義と、労働基準法上の「管理監督者」の定義はまったく別物です。これを勘違いしていると、本来は残業代の支払いが必要となる人に支払っていないという事態が生じ、多額の未払い賃金が発生してしまうケースがあります。

　労働基準法上の管理監督者とは、以下のような条件を満たす者でなければなりません。

---

①経営者と一体的な立場で仕事をしている
②出社、退社や勤務時間について厳格な制限を受けていない
③地位にふさわしい待遇がなされている

　これらの条件を簡単にまとめるならば、「多くの事案について決裁権があり、経営会議等に出席するなど経営に参画しており、出退

勤の時間も自己の裁量で決定でき、給与額も一般社員と比べて高額」な社員でなければ、労働基準法上の管理監督者とは認められないのです。

　たとえば、創業間もないベンチャー企業の場合、社員の多くに「○○マネージャー」とか「○○ディレクター」のような肩書を付与して管理職として取り扱っていることがあります。

　こうした自社内の管理職を、労働基準法上の管理監督者として混同しないよう注意が必要です。

　明確な基準はありませんが、残業代の支給が必要ない管理監督者の人数は、だいたい多くとも従業員人数の10％程度にとどめておくことが、トラブルとなるリスクが少ないと考えられています。

　ただし最近は、この管理監督者性について裁判ではより厳しく判断される傾向にあります。

　たとえば2019年5月には、大手国内自動車メーカーで、従業員の上位7％相当の職位に該当する課長職について、管理監督者性が否定された判例が出ています。

　残業代を払わなくてもいいからと、安易に多数の従業員を管理監督者としたりすることのないよう留意が必要です。

3-4 解雇は簡単にできない

日本では解雇のハードルは相当に高い

労務管理の３つめの重要ポイントは、「解雇は簡単にできない」です。

よく、ドラマや漫画などで「クビだ！」「明日から来なくていい！」といった発言のシーンを目にしますが、これはあくまでもフィクションだからこそ成り立つもので、日本の労働法制上、従業員を解雇することのハードルは相当に高くなっています。

日本は諸外国に比べても、労働者保護が強く、解雇が簡単にできるような法制にはなっていません。

解雇は、会社からの一方的な労働契約の解除です。従業員にとっては、会社からなされる一番重い処分です。そのため、従業員の解雇が有効となるためには厳しい条件が課されています。

具体的な解雇ができる要件を見ていく前に、まずは解雇の種類についてみていきたいと思います。

解雇の種類

①懲戒解雇

会社での不正行為や就業規則違反等により会社の秩序を著しく乱した労働者に対して、制裁として行なわれる解雇が「懲戒解雇」です。

具体的には、以下のようなケースが代表的な懲戒解雇の事由としてあげられます。

①横領、傷害等、刑法に触れるような行為があった場合
②雇入れ時に経歴詐称があった場合

③２週間以上、正当な理由がなく無断欠勤が続き、出勤の督促
　　　にも応じない場合
　　④転勤の拒否等、重要な業務命令の拒否

②普通解雇

　懲戒解雇と区別されて使われる概念ですが、労務の提供ができない、または不完全な労務の提供しか行なわれないなど、労働者側の債務不履行がある場合に行なわれる解雇が「普通解雇」です。
　具体的には、以下のようなケースが代表的な普通解雇の事由としてあげられます。

　　①能力不足、勤務成績不良
　　②心身の障害、病気、ケガ等、業務に堪えられない場合
　　③業務上の指示、命令に従わない、チームワークを乱す等、組
　　　織不適合の場合

③整理解雇

　経営不振や天災事変等で、事業継続が不可能となったり、事業の縮小等を行なう必要が生じた場合に、余剰人員の整理のために行なわれる解雇が「整理解雇」です。
　各種判例において、整理解雇を行なう際の４つの要件というものが示されており（次ページ参照）、整理解雇はこの要件を満たしていない場合は無効となるリスクが高いため、この４つの要件について頭の片隅に入れておくとよいでしょう。

 解雇権濫用法理とは

　このように、会社には懲戒解雇や普通解雇、整理解雇等、解雇権があるわけですが、解雇は会社からの一方的な労働契約の解約です。

◎整理解雇の４つの要件◎

① 人員整理の必要性

　人員削減をしなければ経営を維持できないといった、企業経営上の「高度な必要性」が必要とされています。言い換えれば、簡単に人員整理ができるわけではなく、その必要性は慎重に判断すべきということです。赤字が続いている等の客観的な事実がない場合には、整理解雇は難しくなります。

② 解雇回避努力義務の履行

　雇用契約の一方的な解除である解雇というのは、一番最後の手段でなければならず、この整理解雇を行なう前に、役員報酬を削減しているか、新規採用を抑制しているか、希望退職者を募集したか、配置転換、出向等を行なったか等の解雇を避けるための努力を尽くすことが必要とされています。

③ 解雇者選定の合理性

　整理解雇を行なうにあたり、解雇対象者の人選基準が合理的かということも見られます。つまり、会社が恣意的に選んでいるわけではなく、人事考課や勤務成績によって選定しているなど、人選の基準が合理的であることが必要とされています。

④ 手続きの妥当性

　整理解雇は、普通解雇・懲戒解雇と比べても労働者に責任がないことから、会社は従業員に誠実に会社の状況を説明し、協議する義務があるとされています。全従業員に説明会を行なったり、個別に協議を行なうなど誠実な対応が求められています。

そのため、正当な理由のない解雇は「解雇権を濫用している」ものとして無効となります。

　労働契約法第16条には、「解雇は、客観的に合理的な理由を欠き、社会通念上相当であると認められない場合は、その権利を濫用したものとして、無効とする」という規定があります。

　つまり解雇は、①客観的に合理的な理由があること、②社会通念上相当である、という２点が求められているわけです。

　それぞれについて、詳しくみていきましょう。

①「客観的に合理的な理由があること」とは

　これは非常に抽象的な表現ですが、「客観的」というのは、第三者からでも解雇の原因となる内容を確認することができるということです。

　客観の反対語は主観ですが、経営者が主観的に「解雇が必要である」と判断するだけでは足りないわけです。

　つまり、だれが見ても〝解雇となってもしかたがない〟と判断されるような「客観的な証拠」が必要となります。

　また、「合理的な理由」に該当する事項としては、たとえば、以下のようなものが考えられます。

　少し能力が足りない、ちょっと協調性がない、といったものではなく、著しく能力が不足しているといったことが必要とされています。

- 労働者の著しい能力不足
- 労働者の著しい協調性不足
- 労働者の著しい勤務不良
- 労働者の著しい勤務態度不良や重大な企業秩序違反
- 労働者の不法行為や反社会的行為

② 「社会通念上相当である」とは

こちらも非常に抽象的な表現ですが、①にあげたような合理的な理由があったとしても、たとえば1回限りのミスで解雇になるということは、一般的に「やりすぎ」と判断されるでしょう。

つまり、事前に会社の指導や教育があったのかなども判断基準となります。

また、たとえば能力不足の社員がいたとしても、通常だと達成できないような、とんでもないノルマを課されていて、「能力不足である」とするようなことも、社会通念上相当とはいえません。

このように、解雇に関しては強い規制があり、これらは「**解雇権濫用法理**」と呼ばれています。

日本の雇用システムでは解雇は難しい、ということは聞いたことがあるかもしれませんが、解雇権濫用法理がまさにその理由といえます。

解雇は、ドラマや漫画などで見るように簡単にできるものではなく、必要なプロセスを経て、慎重な判断の結果、なされなければ、無効となってしまうものなのです。

 雇止めとは

「雇止め」とは、有期契約労働者に対し、企業が労働契約の更新を拒否したことにより、契約期間満了となり、雇用が終了することをいいます。

起業間もない企業の場合、有期雇用の契約社員やアルバイトを活用する企業が多くなっています。

これも誤解が多いところなのですが、有期契約であるからといって、必ずしも期間の終了日において会社の自由に契約を終了させることができるわけではないのです。

労働契約法第19条では、次の①と②のいずれかに該当する場合は、会社が契約を更新しないことについて、客観的に合理的な理由を欠

いており、社会通念上相当でない場合は、更新拒否は認められず、契約が更新されたものとみなされる、ということが定められています。

> ①有期労働契約が過去に複数回更新されたことがある場合で、事実上、無期雇用契約とみなされるような実態である場合
> ②有期契約労働者が、「契約が更新される」と期待することに合理的な理由があると認められる場合

①については、契約が何回も更新されるという更新の回数によります。

②については、更新の回数が問題なのではなく、たとえ1回目の更新の場合であっても、会社が有期雇用労働者に雇用継続がされることを期待させる言動があった場合には、該当することになります。

たとえば、注意が必要な点として、よくあるケースとしては、
- 契約更新の際に、契約書を作成し直すなどの手続きがなされておらず、契約更新の手続きが形骸化している
- 「いずれ必ず正社員にするから」といった言動が周囲からなされている

など、労働者が「次も更新されるだろう」と期待するのがもっともだと考えられる場合には、有期雇用労働者であっても、期間満了で契約を解除するということは難しくなります。

起業間もない場合、経営上行なうべきことも多く、つい有期雇用労働者の契約はそのまま放置し、ずっと更新している状態が続いているというケースも多くあるようです。しかしこのようなケースだと、いざ有期雇用労働者の契約を終了したいと思っても、雇止めが難しい場合があります。

有期契約の雇止めについては、この点も理解しておきましょう。

解雇が必要となった場合の実務プロセス

　以上みてきたように、解雇を行なう際には、慎重な判断、手続きが求められます。

　筆者も、「社内にローパフォーマーがいるため解雇したい」という相談を受けることが少なくありません。しかし実務上、解雇には非常に膨大な労力が必要となります。

　さらに、もし解雇を行なったときに、従業員側から「解雇は無効だ」としてその効力が争われた場合、会社としては裁判や労働審判等に時間的なコストもかかりますし、もしも解雇が無効とされた場合には、未払い賃金等の支払いが発生してしまう可能性もあります。

　また、キャリアアップ助成金など厚生労働省関連の助成金の受給要件には、「解雇者」を出していないといった要件が付与されているものもあります（従業員側に責任のある懲戒解雇等は除く）。

　解雇というのは、こうしたリスクがつきまといます。そのため、日本の労使慣行上、できる限り解雇ではなく、「合意退職」にできる道を探っていくことが多くなっています。

◎解雇するまでのステップ◎

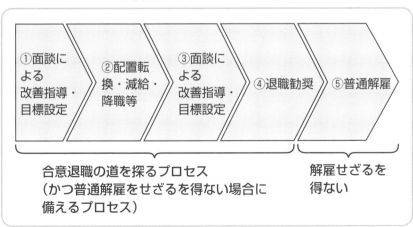

① 面談による改善指導・目標設定　→　② 配置転換・減給・降職等　→　③ 面談による改善指導・目標設定　→　④ 退職勧奨　→　⑤ 普通解雇

合意退職の道を探るプロセス
（かつ普通解雇をせざるを得ない場合に備えるプロセス）

解雇せざるを得ない

業務能力不足等で解雇を検討するまでの一般的な流れは、前ページ図のとおりです。それぞれのステップについて、詳しくみていきましょう。

①面談による改善指導・目標設定
　ローパフォーマンスの従業員がいる場合には、会社としては放置せず、「従業員に改善してほしい点、目標」等を伝え、それを文書化した改善指導書等を発行し、会社と従業員側で達成すべき目標を明確にして、教育を行なっていくことが必要です。

　複数回の面談等を行ない、その議事録を残しておくことや、改善指導書といった文書を残しておくということは、最終手段として普通解雇を行なう際にも、会社がいかに改善指導を行なったかという証跡になります。

　また、こうした面談を経ることで、従業員本人に対して、会社が期待することとのギャップがあるということを伝えることができます。

②配置転換・減給・降職等
　①の面談を複数回行なっても、従業員のパフォーマンスに改善が見られない場合は、「配置転換」を行なうことで、異なる業務の適性を探ったり、もしくは業務負荷を一部減らして「減給」「降職」等も検討することになります。

　いきなり辞めさせるのではなく、配置転換を行なったり、減給等のステップを踏むことは、会社には雇用を維持する努力があるとみられますので、普通解雇の効力が争われた際にも、合理的な解雇として見られる要素になります。

③面談による改善指導・目標設定
　ステップ①と同様ですが、配置転換等を行なった後も、引き続き業務のパフォーマンスが悪い場合には、改善指導を続けていくこと

になります。もちろん、面談指導の履歴や改善指導書の記録は残すようにします。

④退職勧奨

　①〜③のプロセスを経て、最終的に雇用の継続は難しいと判断した場合でも、まだ解雇とはせずに、「退職勧奨」を行なうケースが多くなります。

　退職勧奨とは、会社側から従業員に退職を促すことをいいますが、この時点では、退職するかしないかは、あくまでも従業員側に選択権があります。

　退職勧奨を受け入れ、従業員側が「退職します」となった場合には、解雇ではなく「合意退職」となります。

　形式上、会社側から辞めてほしいと申し出て、従業員側が辞めるということで、解雇のように見えますが、従業員側に退職するか否かの選択権がある以上は、解雇ではなく、合意による退職になります。

　なお、雇用保険法上は、退職勧奨による退職は「会社都合退職」として、従業員の雇用保険の基本手当（いわゆる失業手当）に有利な取扱いがなされます。

　一方、会社都合退職にすると、79ページで説明したように、解雇同様に、厚生労働省関連の助成金の受給に影響がある場合があります。

　詳細は割愛しますが、例に出したキャリアアップ助成金では、一定期間の間に解雇者や退職勧奨による会社都合退職者が、事業所の雇用保険被保険者数の6％を超える場合には受給ができないという要件もあります。

　また、退職勧奨は解雇に近い行為である以上、どこまでも自由に勧奨できるわけではないことに留意が必要です。

◎こんな退職勧奨はやってはいけない◎

- **「はい」というまで執拗に説得する**

  ⇒説得は1回目を行なった際に、明確な「やめたくない」という意思が表示されたら、ただちに中止する。

- **複数人で囲んで説得する**

  ⇒基本的には、所属長と人事部の担当者といった、限られた人数で行なうべき。

- **長時間に及んで説得する**

  ⇒たとえば、2時間などは長すぎる。だいたい30分から1時間程度で切り上げるべき。

- **威圧的な雰囲気で行なう**

  ⇒本人が退職勧奨を断われないような「やめるしかないよ」といったような発言は絶対に避ける。
  真剣な雰囲気であることと威圧的な態度は異なるので、あくまでも冷静に行なうこととする。

　従業員側のプレッシャーとなるような退職勧奨は、強迫や錯誤によるものとして、無効になるケースもあります。

　退職勧奨を行なう場合には、上図のような点に留意して行なう必要があります。

　こうして合意退職に至ることができれば一番よいのですが、これでも難しい場合には、ようやく普通解雇という手段をとることになります。

⑤普通解雇

　①〜④のステップを踏んだうえで、従業員のパフォーマンスに改善が見られない場合は、いよいよ「普通解雇」を行なわざるを得ません。

　解雇を行なう場合に注意しなければならないのは、「**解雇には30日前の予告もしくは30日分の賃金が必要**」ということです。

　従業員を解雇する場合は、解雇日の30日前に、解雇するということを予告（**解雇予告**）する必要があります。

　この予告をせずに、従業員を解雇する場合には、**解雇予告手当**というものの支払いが義務づけられています。解雇を伝えた当日に解雇する場合には、その従業員の平均賃金の「30日分」を支払わなければなりません。

　ただし、予告の日数は平均賃金を支払った日数だけ短縮することができます。つまり、解雇日の20日前に解雇予告を行なった場合は、30日から20日を差し引くことができ、平均賃金の10日分を支払えばよいことになります。

　なお、解雇予告を行なう場合には、口頭ではなく文書で通知を行ない、後々トラブルとならないようにしましょう。

　解雇が簡単ではないことを説明してきました。

　非常にまどろっこしいと思うかもしれませんが、日本の労働法制上、解雇というのは非常に難しく、訴訟になると会社側が負けるケースが多くあります。

　実際に、起業間もない時期に解雇を行なってしまい、それを「不当な解雇だ」として元従業員から訴えられて、100万円程度の和解金を支払ったというケースもあります。

　起業間もない時期に、「いかに解雇というのが難しいか」を理解しておくことは、その後の事業を続けていくなかで、安易な解雇を避け、労務トラブルを低減することにつながると考えています。

　解雇法制の理解は、経営者の必須知識といっても過言ではありま

せん。

　3章は、いかがでしたでしょうか。
　5章において、入社から退社までの実務上の手続きなどを解説しますが、そういった各論に入る前に、労務管理の基本的な考え方や重要ポイントを理解しておくことは、起業後の会社経営で起こりうる難解な労務課題に立ち向かううえでも、必ず役に立つものと考えています。
　本章の重要ポイントは、ぜひ頭の片隅に入れて経営に臨んでください。

4章

会社設立から決算まで
初めての決算シミュレーション

執筆◎加藤広晃

設立日までに行なうこと

　2章では、創業間もない企業であっても、知っておいてほしい財務・経理の重要ポイントを解説しましたが、本章では、実際に会社を設立するとどういった業務が発生するのかという実務面を中心に解説していきたいと思います。

　なお、章のタイトルを「初めての決算シミュレーション」としていますが、2年目、3年目…の決算についても基本的には同じですので、この流れを頭に入れておくと、起業後の決算手続きについてもスムーズに進められると思います。

　まずこの項では、上場をめざすうえでは法人形態のなかでも「株式会社」を選択することとなるため、株式会社を設立するまでに準備することからみていくことにしましょう。

 定款を策定しよう

　「定款」とは、会社のルールを定めるもので、「会社法」にもとづいて決まる内容や会社独自に決める内容があります。

　また、定款は「公証人」と呼ばれる公的な第三者から認証される必要があり、一定の様式に従って作成します。

　定款の作成は、会社設立手続きの一環として、司法書士などにつくってもらうこともあります。

　定款の記載事項は、大きく「絶対的記載事項」「相対的記載事項」「任意の記載事項」の3つに分かれます。

　それぞれの記載ポイントについて、順次みていきましょう。

①絶対的記載事項

　必ず記載しないと、定款として認められないものです。

【目　的】

　会社の事業内容を記載します。事業内容は、登記簿謄本にも掲載され、原則として法律上、定款に記載した事業内容以外の事業はできないとされるため、将来行なう可能性があるものはできるだけ含めておくとよいでしょう。

　特に、古物商や人材紹介業など、官公庁に届出が必要な事業は、資格取得にあたり定款・登記簿にその旨を記載していないと、事業を開始できません。

　なお、事業内容は会社設立後、株主総会の特別決議（株主の3分の2以上の承認）により変更が可能で、変更した場合は、併せて登記所（法務局）に登記申請を行ないます。

【商　号】

　会社の名前を記載します。使える文字には、一定の制限があります。登記事項のため、会社設立後に変更する場合は、併せて定款変更のための株主総会特別決議と登記申請が必要です。

【本店所在地】

　市区町村単位で記載します。細かく番地まで記載することもできますが、変更時には定款変更として株主総会特別決議と登記申請が必要になるので、最低限の記載にとどめるのみでよいと思います。

【設立時の出資額または最低額】

　設立時の出資額または最低額を記載します。設立後にも増資することはできますが、以下のような視点を踏まえて、手持ち資金を考えながら決めていくとよいでしょう。

● 定款認証には最低5万2,000円かかる

- 登録免許税は最低15万円または資本金の1,000の7のいずれか金額が多いほうが必要となるため、資本金約2,143万円まではあまり変わらない
- 各種助成の恩恵や下請法の取扱い等が、資本金1,000万円を境に変わる
- 資本金が低すぎると、信用力が低い会社として、与信や取引に支障をきたすことがある

　株式会社は資本金「1円」から設立できますが、だからといって1円というような極端な金額よりも、会社設立だけでも定款認証と登録免許税をあわせて最低20万円はかかりますし、創業融資は、自己資金をどれだけ会社に入れているかによって借入可能額が変動することがあるので、融資を受けたい金額も踏まえて合理的な金額を資本金として設定するとよいでしょう。

【発起人の氏名または名称および住所】
　「発起人」とは、会社設立の手続きを行なう人です。一般的には、設立とともに代表取締役となる創業株主が多いです。株主は、個人でも、法人でもなり得るため、個人であれば氏名、法人であれば法人の名称を記載します。
　上場をめざすうえでは、個人として株主になることもありますが、創業前にあらかじめ資産管理会社を設立して資産管理会社から払込みを行なって法人株主となることもあります。
　これは、資産管理会社であれば、将来、傷病や離婚など不測の事態に備えて、相続対策や唐突な株式売却等による市場や株価、経営体制への影響を抑えやすいというメリットがあります。
　興味がある人は、相続や上場企業に強い税理士などに相談することをお勧めします。

②相対的記載事項

　①の絶対的記載事項とは異なり、必ず書く必要があるわけではなく、決まっている場合には書かないと効力が出ないものです。一般的には、以下のようなものを検討することが多くなっています。

【株式譲渡制限】

　「株式譲渡制限」とは、株式を売買するためには、株主総会や取締役会の承認を得なければならないとするものです。

　つまり、上場株式のように誰でも株式を売買できる状態ではなく、競合や不本意な株主に売買されないように制限をかけるものです。上場を迎える日までは、株式譲渡制限をかけておきます。

【機　関】

　「機関」とは、株主総会、取締役、取締役会などのことをいい、これらを組み合わせることを「機関設計」といいます。取締役会など、株主総会と取締役以外に機関を設ける場合にはこの記載を検討します。通常、１人会社であれば取締役会の設置は不要です。

【その他】

　上記のほかにも、上場準備を進めるうえで検討するような項目（基準日、単元株式）もあれば、会社設立の財産や費用にかかわる項目など、特殊な形態を採用する場合に記載するものがあります。

③任意の記載事項

　①、②とは異なり、定款で定めなくても、効力は発生するものの、任意で定款に定めるものです。たとえば、以下のようなものがあります。

【事業年度（決算月）】

　日本の上場企業の約３分の２は３月決算です。これにより監査法

人の監査が逼迫しており、監査のために決算月を変えてほしいといわれるほどです。

　次に多いのが12月決算で、上場企業の約10%です。世界では12月決算が標準です。グローバル企業をめざすのであれば、12月決算も投資家の比較可能性に資すると思います。

　なお、小売業など一部の業態では、2月決算を採用している会社もありますし、季節性がある事業においては繁忙を考慮して決算月を決めてもよいと思います。

　また前述のとおり、決算期末から2か月後には納税として資金が出ていくため、資金繰りには注意が必要です。

【取締役の人数】

　上場をめざすうえでは、上場申請の2～3年前までには、取締役会を設置することが想定されますが、設立時は1人取締役でも問題はありません。ちなみに、取締役会を設置するためには、取締役3名、監査役1名以上が必要になります。

　また、上場申請の1～2年前までには、複数の監査役の設置が想定され、最終的には監査役3名以上で設置可能となる監査役会などが求められてきます。

　上場申請時にはこれに加え、「コーポレートガバナンス」という健全な機関設計の視点から、社外取締役は最低1名の設置が法律により求められます。

　現時点でも、東証一部企業の99%が2名の社外取締役を設けており、取締役全体数のうち3分の1は社外取締役であることが理想的とされています。東証の成長市場においては、1名以上の社外取締役がいれば現時点では問題ありませんが、今後、改正が行なわれるかもしれません。

　設立時点で決める必要はありませんが、あらかじめ取締役等の定員数についても留意しておくとよいと思います。

　定款のモデル例を掲載しておきましたので、参考にしてください。

◎「定款」のモデル例◎

この定款は、株式非公開、取締役会非設置、取締役1名の会社の場合のモデル例です。下線のついた箇所は、定款を作成する会社によって変わりやすい部分です。

○○株式会社　定款

第1章　総　則

（商号）
第1条　当会社は、○○株式会社と称する。

（目的）
第2条　当会社は、次の事業を行なうことを目的とする。
（1）インターネットによる○○の販売
（2）○○に関するコンサルティング
（3）前各号に附帯関連する一切の事業

（本店所在地）
第3条　当会社は、本店を東京都○○区に置く。

（公告方法）
第4条　当会社の公告は、官報に掲載する方法により行なう。

第2章　株　式

（発行可能株式総数）
第5条　当会社の発行可能株式総数は、1,000株とする。

（株券の不発行）
第6条　当会社の株式については、株券を発行しない。

（株式の譲渡制限）
第7条　当会社の株式を譲渡により取得するには、株主総会の
　　承認を受けなければならない。

（基準日）
第8条　当会社は、毎事業年度末日の最終の株主名簿に記載ま
　　たは記録された議決権を有する株主をもって、その事業年度
　　に関する定時株主総会において権利を行使することができる
　　株主とする。
2　前項のほか、必要があるときは、あらかじめ公告して、一
　　定の日の最終の株主名簿に記載または記録されている株主ま
　　たは登録株式質権者をもって、その権利を行使することがで
　　きる株主または登録株式質権者とすることができる。

（株主の住所等の届出）
第9条　当会社の株主および登録株式質権者またはそれらの法
　　定代理人は、当会社所定の書式により、住所、氏名および印
　　鑑を当会社に届け出なければならない。
2　前項の届出事項を変更したときも、同様とする。

第3章　株主総会

（招集時期）

第10条　当会社の定時株主総会は、毎事業年度の終了後3か月
　　　以内に招集し、臨時株主総会は、必要がある場合に招集する。

（招集権者）

第11条　株主総会は、法令に別段の定めがある場合を除き、取
　　　締役が招集する。

（招集通知）

第12条　株主総会の招集通知は、当該株主総会で議決権を行使
　　　することができる株主に対し、会日の7日前までに発する。

（株主総会の議長）

第13条　株主総会の議長は、取締役がこれに当たる。
2　取締役に事故があるときは、当該株主総会で議長を選出す
　　る。

（株主総会の決議）

第14条　株主総会の決議は、法令または定款に別段の定めがあ
　　　る場合を除き、出席した議決権を行使することができる株主
　　　の議決権の過半数をもって行なう。

第4章　取締役

（取締役の員数）

第15条　当会社の取締役は、1名とする。

（取締役の選任）

第16条　取締役は、株主総会において、議決権を行使すること
　　　ができる株主の議決権の3分の1以上を有する株主が出席し、

その議決権の過半数の決議によって選任する。

（取締役の任期）

第17条　取締役の任期は、選任後3年以内に終了する事業年度のうち最終のものに関する定時株主総会の終結のときまでとする。

第5章　計　算

（事業年度）

第18条　当会社の事業年度は、毎年1月1日から翌年12月末日までの年1期とする。

（剰余金の配当）

第19条　剰余金の配当は、毎事業年度末日現在の最終の株主名簿に記載または記録された株主または登録株式質権者に対して行なう。

（配当の除斥期間）

第20条　剰余金の配当がその支払いの提供の日から3年を経過しても受領されないときは、当会社は、その支払義務を免れるものとする。

第6章　附　則

（設立に際して出資される財産の価額および成立後の資本金の額）

第21条　当会社の設立に際して出資される財産の価額は、金25万円とする。

2　当会社の成立後の資本金の額は、金25万円とする。

（最初の事業年度）

第22条　当会社の最初の事業年度は、会社成立の日から令和○
　　　○年○月末日までとする。

（設立時取締役）

第23条　当会社の設立時取締役は、次のとおりである。
　　　　　設立時取締役　　　○○○○

（発起人の氏名ほか）

第24条　発起人の氏名、住所および設立に際して割当てを受け
　　　る株式数ならびに株式と引換えに払い込む金銭の額は、次の
　　　とおりである。
　　　　　　東京都○○区○○町○丁目○番○号
　　　　　　発起人　○○○○　　　２５株、金２５万円

（法令の準拠）

第25条　この定款に規定のない事項は、すべて会社法その他の
　　　法令に従う。

　　以上、○○株式会社設立のため、この定款を作成し、発起人
　が次に記名押印する。

　　令和○○年○○月○○日
　　　　　　　　　　　　　　　発起人　　　○○○○　　㊞

印鑑をつくろう

　一般的には、「会社の代表者印」「金融機関印」「認印」の３つを作成することが多くなっています。

　新型コロナウイルス感染症の流行の際に、ハンコ文化が話題となりましたが、印鑑証明を取ったり、大型の融資を円滑に進めたりするうえで、会社の代表者本人が交渉テーブルの場にいることと、正式な印鑑を有して調印することは、いまでも商慣習としてあります。

　代表者以外が、会社の契約を調印する委譲についてや、その管理責任をどのように実務に落とし込んでいくかは、内部統制や職務権限の整備とともに検討していくことになると思います。

 ## 登記をしよう

　公証人により定款の認証を受け、設立準備が整ったら、登記所において設立登記の申請を行ないます。

　登記所には司法書士がいて、無償で相談することもできますが、登記自体を司法書士に発注するのも効率的です。

　登記簿は、世の中の誰でも閲覧できる、会社のプロフィールを公開しているものですが、その内容は法律で定められており、前述したように、事業内容、商号や本店所在地・資本金等に加え、役員の氏名や代表取締役においては住所など多岐にわたります。これらに不備がなければ、無事に会社設立はOKです。

　次項では、設立が完了してから行なうことをみていきましょう。

会社設立日から速やかに行なうこと

　会社を設立すると、さまざまな機関に設立したことを伝えていくことが必要になります。その手続きについてみていきましょう。

「法人設立届出書」を提出しよう

　まず、本店所在地が属する管轄の税務署に、法人設立の届出を行ないます。

　また、本店所在地や資本金の変動など、一定の変更が起きた場合には、そのつど「異動届」を提出していくことになります。顧問税理士がいれば、その税理士がサポートしてくれるでしょう。

　次ページに「法人設立届出書」の記載例をあげておきましたので、参考にしてください。

「給与支払事務所等の開設届出書」を提出しよう

　従業員を１人でも雇用して給与を支払う場合には、事前にこの「給与支払事務所等の開設届出書」を税務署に届け出ます。

　なお、社会保険関係の書類については、５章で後述するとおり、税務署ではなく、年金事務所や労働基準監督署、公共職業安定所（ハローワーク）に届出を行なうことになるため、注意が必要です。

　99ページに「給与支払事務所等の開設届出書」の記載例をあげておきましたので、参考にしてください。

◎「法人設立届出書」の記載例◎

税務署受付印	法人設立届出書	※整理番号

令和　年　月　日	本店又は主たる事務所の所在地	〒 東京都〇〇区〇〇町〇丁目〇番〇号　　電話(03)××××－××××
	納税地	〒 同　上
税務署長殿	（フリガナ） 法人名	〇〇株式会社
	法人番号	×|×|×|×|×|×|×|×|×|×|×|×|×
新たに内国法人を設立したので届け出ます。	（フリガナ） 代表者氏名	〇〇　　〇〇　　㊞
	代表者住所	〒 東京都〇×区〇×町〇丁目〇番〇号　　電話(03)〇〇〇〇－〇〇〇〇

設立年月日	平成・(令和)〇年〇月〇日	事業年度	(自) 1 月 1 日 (至) 12 月 31 日
設立時の資本金又は出資金の額	250,000 円	消費税の新設法人に該当することとなった事業年度開始の日	平成・令和　年　月　日

事業の目的	（定款等に記載しているもの） インターネットによる〇〇の販売	支店・出張所・工場等	名　称	所　在　地
	（現に営んでいる又は営む予定のもの） インターネットによる〇〇の販売			

設立の形態	1　個人企業を法人組織とした法人である場合(税務署 (整理番号:)) 2　合併により設立した法人である場合 3　新設分割により設立した法人である場合 (□分割型・□分社型・□その他) 4　現物出資により設立した法人である場合 5　その他( )

設立の形態が2～4である場合の適格区分	適　格・その他	添付書類	1　定款等の写し 2　その他 ( )
事業開始 (見込み) 年月日	平成・(令和)　〇年　〇月　〇日		
「給与支払事務所等の開設届出書」提出の有無	(有)　・　無		

関与税理士	氏名	
	事務所所在地	

税理士署名押印	

※税務署処理欄	部門	決算期	業種番号	

01.06 改正

（規格 A4）

- ●提出先……管轄の税務署
- ●提出期限…設立の日以後2か月以内
- ●添付書類…定款その他（上記書式の記載要領を参照）

◎「給与支払事務所等の開設届出書」の記載例◎

※整理番号

給与支払事務所等の開設・移転・廃止届出書

	住所又は本店所在地	〒 東京都〇〇区〇〇町〇丁目〇番〇号 電話（03）××××－××××
事務所開設者	（フリガナ）	
	氏名又は名称	〇〇株式会社
	個人番号又は法人番号	××××××××××××
	（フリガナ）	
	代表者氏名	〇〇 〇〇 ㊞

令和　年　月　日

税務署長殿

所得税法第230条の規定により次のとおり届け出ます。

（注）「住所又は本店所在地」欄については、個人の方については申告所得税の納税地、法人については本店所在地（外国法人の場合には国外の本店所在地）を記載してください。

開設・移転・廃止年月日　平成・令和　〇年　〇月　〇日　給与支払を開始する年月日　平成・令和　〇年　〇月　〇日

○届出の内容及び理由
（該当する事項のチェック欄□に✓印を付してください。）

「給与支払事務所等について」欄の記載事項

| | 開設・異動前 | 異動後 |

開設
- ✔ 開業又は法人の設立
- □ 上記以外
　※本店所在地等とは別の所在地に支店等を開設した場合 → 開設した支店等の所在地

移転
- □ 所在地の移転 → 移転前の所在地 / 移転後の所在地
- □ 既存の給与支払事務所等への引継ぎ → 引継ぎをする前の給与支払事務所等 / 引継先の給与支払事務所等
（理由）□ 法人の合併　□ 法人の分割　□ 支店等の閉鎖　□ その他（　　　）

廃止　□ 廃業又は清算結了　□ 休業

その他（　　　）→ 異動前の事項 / 異動後の事項

○給与支払事務所等について

	開設・異動前	異動後
（フリガナ） 氏名又は名称		
住所又は所在地	〒 電話（　）－	〒 電話（　）－
（フリガナ） 責任者氏名		

従事員数　役員　人　従業員　人　（　）人　（　）人　（　）人　計　人
（その他参考事項）

税理士署名押印

※税務署処理欄　部門　決算期　業種番号　番号確認　身元確認　確認書類 個人番号カード その他（　）

01.06 改正

●提出先……管轄の税務署
●提出期限…開設した日から1か月以内
●添付書類…特になし

（規格A4）

99

「源泉所得税の納期の特例の承認に関する申請書」を提出しよう

　代表者自身を含む役員報酬を支給する場合や従業員を雇用して給与を支払う場合には、毎月、支払った月の翌月10日までに源泉所得税を納める必要があります。

　この場合、支給者が10人未満の場合には、特例で年２回まとめて納めればOKという特例があります。

　この特例には、税理士等の一部士業への報酬支払いに係る源泉所得税も含まれますが、デザイナーへの報酬や原稿料など士業以外の人への支払いは源泉徴収の対象とはならないため、注意が必要です。

　源泉徴収の可否について迷った際には、詳細は顧問税理士などに相談するとよいでしょう。

◎「源泉所得税の納期の特例の承認に関する申請書」の記載例◎

源泉所得税の納期の特例の承認に関する申請書

※整理番号

税務署受付印	住所又は本店の所在地 〒 東京都○○区○○町○丁目○番○号 電話 03 − ××××−××××
平成　年　月　日	（フリガナ） 氏名又は名称　○○株式会社 ※個人の方は個人番号の記載は不要です。
	法人番号 ×|×|×|×|×|×|×|×|×|×|×|×|×
税務署長殿	（フリガナ） 代表者氏名　○○　○○　㊞

次の給与支払事務所等につき、所得税法第216条の規定による源泉所得税の納期の特例についての承認を申請します。

給与支払事務所等に関する事項	給与支払事務所等の所在地 ※　申請者の住所（居所）又は本店（主たる事務所）の所在地と給与支払事務所等の所在地とが異なる場合に記載してください。	〒 電話　　−　　−		
	申請の日前6か月間の各月末の給与の支払を受ける者の人員及び各月の支給金額 〔外書は、臨時雇用者に係るもの〕	月区分	支給人員	支給額
		年　月	外 人	外 円
		年　月	外 人	外 円
		年　月	外 人	外 円
		年　月	外 人	外 円
		年　月	外 人	外 円
		年　月	外 人	外 円
	1　現に国税の滞納があり又は最近において著しい納付遅延の事実がある場合で、それがやむを得ない理由によるもので			
	2　申請の の承認を 合には、			

● 提出先……管轄の税務署
● 提出期限…特例の適用を受けたい月の前々月末日まで（提出月の翌月末日までに通知がない場合は承認があったものとされる）
● 添付書類…特になし

税理士署								

※税務署処理欄	部門	決算期	業種番号	番号	入力	名簿	通信日付印	年月日	確認印

29.06 改正

「青色申告の承認申請書」の提出を検討しよう

　法人税の申告においては、「白色申告」と「青色申告」という制度があります。

　青色申告は、白色申告よりはやや複雑な経理処理が必要になり、正確な帳簿管理も必要となりますが、青色申告にすると、過去の赤字を将来の利益と相殺して節税できることが可能になる「繰越欠損金」という制度や、さまざまな税務上の特典を受けることができます。

　上場をめざすうえでは、青色申告がお勧めです。原則として、設立日から３か月以内の届出が必要になりますが、決算日によっては早く提出しなければならないため、速やかに手続きすることが必要です。

◎「青色申告の承認申請書」の記載例◎

	青色申告の承認申請書	※整理番号	

税務署受付印

令和　年　月　日	納　税　地	〒 東京都〇〇区〇〇町〇丁目〇番〇号 電話(03)××××－××××
	（フリガナ）	
	法 人 名 等	〇〇株式会社
	法 人 番 号	×｜×｜×｜×｜×｜×｜×｜×｜×｜×｜×｜×
	（フリガナ）	
	代 表 者 氏 名	〇〇　〇〇　㊞
	代 表 者 住 所	〒 東京都〇×区〇×町〇丁目〇番〇号
税務署長殿	事 業 種 目	情報通信　業
	資 本 金 又 は 出 資 金 額	250,000　円

自平成・令和　　年　　月　　日
至平成・令和　　年　　月　　日　　　　事業年度から法人税の申告書を青色申告によって提出したいので申請します。

記

1　次に該当するときには、それぞれ□にレ印を付すとともに該当の年月日等を記載してください。
　　□　青色申告書の提出の承認を取り消され、又は青色申告書による申告書の提出をやめる旨の届出書を提出した後に
　　　再び青色申告書の提出の承認を申請する場合には、その取消しの通知を受けた日又は取りやめの届出書を提出した
　　　　　　　　　　　　　　　　　　　　　　　　　　　　　　　　　　　　平成・令和　年　月　日

　　□　この申請後、青色申告書を最初に提出しようとする事業年度が設立第一期等に該当する場合には、内国法人であ
　　　る普通法人若しくは協同組合等にあってはその設立の日、内国法人である公益法人等若しくは人格のない社団等に
　　　あっては新たに収益事業を開始した日又は公益法人等（収益事業を行っていないものに限ります。）に該当してい
　　　た普通法人若しくは協同組合等にあっては当該普通法人若しくは協同組合等に該当することとなった日
　　　　　　　　　　　　　　　　　　　　　　　　　　　　　　　　　　　　平成・令和　年　月　日

　　□　法人税法第4条の5第1項（連結納税の承認の取消し）の規定により連結納税の承認を取り消された後に青色申
　　　告書の提出の承認を申請する場合には、その取り消された日　　　　　　平成・令和　年　月　日

　　□　法人税法第4条の5第2項各号の規定により連結納税の承認を取り消された場合には、第4条の5第2項各号の
　　　うち、取消しの起因となった事実に該当する号及びその事実が生じた日　　第4条の5第2項　　号
　　　　　　　　　　　　　　　　　　　　　　　　　　　　　　　　　　　　平成・令和　年　月　日

　　□　連結納税の取りやめの承認を受けた日を含む連結親法人事業年度の翌事業年度に青色申告書の提出をしようとす
　　　る場合には、その承認を受けた日　　　　　　　　　　　　　　　　　　平成・令和　年　月　日

2　参考事項
(1)　帳簿組織の状況

伝 票 又 は 帳 簿 名	左の帳簿 の 形 態	記帳の 時　期	伝 票 又 は 帳 簿 名	左の帳簿 の 形 態	記帳の 時　期
総勘定元帳	会計ソフト	毎月			

(2)　特別な記帳方法の採用
　イ　伝票会計採用
　ロ　電子計算機利用
(3)　税理士が関与している場

●提出先……管轄の税務署
●提出期限…設立の日から3か月以内（その後は、青色申告の適用を受けたい事業年度開始の日の前日まで）
●添付書類…特になし

税 理 士 署 名 押 印			
※税務署 処理欄	部 門	決算 期	

（規格A4）

01.06 改正

「消費税課税事業者選択届出書」の提出を検討しよう

　消費税については2－2項で説明しましたが（34ページ参照）、消費税が課税されるかどうかは資本金や売上高などの基準以外に、自社で「簡易課税制度」などを選択する余地もあります。

　自社の消費税の処理についてどう対応するか、顧問税理士などと相談のうえ、消費税の課税事業者を選択するとなったら、該当する届出書を忘れずに提出しましょう。

社会保険・労働保険等の加入手続きをしよう

　社会保険や労働保険の加入などに関する手続きについては、5－2項で説明しますので、そちらを参照してください（133～138ページ参照）。

法人の銀行口座を開設しよう

　法人を設立すると、法人名義の銀行口座を開設できるようになります。

　最近では、メガバンクなどの大手銀行は、もともとつながりがある場合を除き、新規の口座開設のハードルが上がっているという声も聞かれます。

　その場合は、身近な信用金庫や地方銀行などのほうが開設しやすいと思います。

　その意味でも、早いうちからこうした地元の信用金庫などとのよい関係はつくっておくとよいでしょう。

顧問税理士を選任しよう

　法人を設立すると、税務申告が必要となります。できれば顧問税理士と契約することをお勧めします。

　顧問税理士がいない場合には、自社で申告することとなり、非常に難解な税務の取扱いについて、厳しい対応を迫られることにもな

りかねません。

　なお、顧問税理士と契約すれば、月々の顧問料の支払い等が必要になります。しかし、税務関係の事務や設立後の帳簿記帳などを、自社で経理担当者を採用する代わりに、顧問税理士に追加報酬を支払うことで依頼しやすいため、手間が省けて事業にも集中しやすいというメリットがあります。

　一般には、創業期から顧問税理士を選任する会社が多いようです。

　ちなみに、取引が少ない間は、税理士にあまり高額な報酬を払いたくないと思うかもしれませんが、税務の専門家である税理士の能力を見極めるのは難しく、もし税理士に丸投げしても最終的な責任までは転嫁できず、自社が責任を負うことになるので注意が必要です。

　いずれにしても、上場をめざすのであれば、信頼のおける税理士にフェーズごとに助言を仰ぐのが賢明です。

会計ソフトを選ぼう

　会社を設立すると、記帳が必要になるため、顧問税理士に記帳事務などを依頼しない場合には、自社で会計ソフトを導入することになります。

　昔からある「○○会計」といったパッケージ型の会計ソフトに加え、近年では「クラウド型会計ソフト」を用いて上場する会社も増えています。

　クラウド型会計ソフトは、便利である一方で、銀行からの出金ができるなど出納と紐づく機能もあるため、権限管理に注意して、会社の資金が不正に持ち出されることのないよう留意しましょう。

　また最近では、会社設立の際の手書きや紙出力の手間を減らすようなサービス、たとえば、クラウド型会計ソフトで有名なfreee社が提供する「会社設立freee」といったサービスも出ていますので、興味がある人は調べてみるとよいでしょう。

役員報酬の取扱い

　「役員報酬」を会社から支払う場合には、毎月、一定額で支払う「定期同額給与」のほかに、「事前確定届出給与」というあらかじめ報酬額を固定しておく支払い方法があります。

　この方法を採用して税務署へ届け出ておくと、役員報酬を損金算入することができ、余分な税金の支払いを予防することができます。

　創業オーナーとして役員報酬について理解しておいていただきたいのは、法人税法や会社法などの影響を受ける点です。

　役員報酬は、創業経営者にとって、利益の調整弁となりやすい性質もあるためか、法人税法では、役員報酬は毎年度の期末から所定の期間以内に定めること、株主総会や取締役会の議事録などがある前提で損金として認める、という考え方があります。

　したがって、今月は儲かったから役員報酬を上げよう、などと支給額をみだりに変えると、役員報酬に関する税制上のメリットは適用できなくなると理解しておくとよいでしょう。

　また会社法には、役員報酬は、株主総会で決めるか、あるいは株主総会で取締役、監査役それぞれに一定の金額枠を設けて、取締役会や監査役会に個別の配分を委ねる、といった手続きが定められています。

　100％株主の状態から、エンジェル投資家やベンチャーキャピタルなど外部株主から資金調達を検討するタイミングで、役員報酬の見直しを検討してもよいでしょう。

　なお上場後は、金融商品取引法によって、投資家への説明責任として、役員報酬の内訳の開示や、報酬を決める手続きの開示が義務づけられ、たとえ大株主であっても、自分だけで報酬を決められなくなるため、留意が必要です。

　特に、最近の**コーポレートガバナンス・コード**（「ＣＧコード」）の導入により、社外役員を含む任意の報酬委員会や指名委員会の設置が上場審査でも問われるようになっています。

　つまり、数年前のＩＰＯの申請からは様変わりしているため、最新の法改正や議決権行使助言機関・機関投資家の動向に詳しい弁護士や公認会計士などを社外役員として招へいし、アドバイスを求めるとよいでしょう。

4-3 毎月行なうこと

 所得税の源泉徴収

　源泉徴収のやり方については、詳しくは5章で説明しますが、財務・経理の観点からは、役員の報酬や従業員の給与から所得税を源泉徴収してから振り込むことと、その差額については「預り金」として計上しておくことが必要です。

　所得税の納付自体は、従業員10名未満までは、6か月に一度でよいという特例もありますが、基本的には毎月10日までに、前月の給与支給分に係る源泉徴収した所得税を納付することになります。

 月次決算を行なうことの検討

　会社が小さい場合には、必ずしも毎月の決算を精緻にしなくても、源泉徴収や固定資産税などの納税を最低限行なうための決算ができていれば、「なんとかなる」ということもあり、中小企業では年度末に一気に記帳をする、というような話も聞きます。

　しかし、決算の早期化は、上場企業としての投資家へのスピーディーな適時開示や会社の経営状態を適時に把握して軌道修正するうえでも重要であり、上場をめざす企業なら、「月次決算」は早く締めて実施するように心がけておく必要があります。

　月次決算の締め日は、月末日が理想ではありますが、上場水準として翌月10日（当月の5〜7営業日を経過）を見すえておくとよいと思います。

　月次決算を締めるうえでは、個人で旅費や消耗品代等を立て替えたときの「立替精算」などは、従業員が増えれば増えるほど工数も増えてしまいますが、ルールを策定して従業員に必ず守ってもらう

ことも重要です。

　ある海外拠点の会社では、社長が「翌月1日までに立替精算の申請を行なわないと払わない」というルールにして、そのリーダーシップに驚かされたことがあります。

　現在の日本では極端な話かもしれませんが、このように決算早期化は上場企業としての必要条件といっても過言ではないので、留意しておきましょう。

 内部統制のしくみづくり

　内部統制上のことにはなりますが、たとえば、売上の不正を減らすしくみとして、販売プロセスにおける「**キーコントロール**」（重要な統制点）と呼ばれるオペレーションを組んで、次のようなしくみを設けることがあります。

---

①受注の承認（上長（会社）の承認なく何でも受注しない）
②納品確認（商品の発送や、先方の検収や受領確認、サービス提供のエビデンス）
③上記②と売上計上の連動
④請求モレの確認（連番管理等）
⑤回収確認（売上の回収モレの確認）

　さらに、購買プロセスにおいても、次のようなしくみを設けることがあります。

---

①発注の承認（上長（会社）の承認なく何でも発注しない）
②検収確認（発注どおりの商品・サービスの提供を受けたことの確認）
③コスト計上
④支払いモレの確認（支払期限管理）

特に、創業間もないうちなどの未成熟な会社では、発注する担当者は、取引先から見れば売上のキーマンとなるため、個人への簿外リベートといった形で便宜を図ったり、より危険なケースとしては賄賂や異常な接待の提供など、業態によっては把握しづらいような不健全なことが起きる可能性があります。

　一般的な接待や挨拶程度の贈答であればよくあることですが、「相見積り」を取ったり、取引先のローテーションを組むなど、会社によってはさまざまな工夫を実施しているところもあります。

年度末に行なうこと

 年次決算

　月次決算を行なっている場合には、その精度にもよりますが、「年次決算」では、さまざまな手続きを行ないます。

　たとえば、貸借対照表に計上されている金額を確かめる作業、現金であれば実査、預金であれば通帳や残高証明書との突合、在庫であれば実地棚卸、固定資産であれば実査、といったように確かめていく手続きがあります。

　その後、一連の決算数値が固まったら、消費税や法人税の計算を行なって、株主総会の承認にかけます。

　上場をめざす過程では、固定資産の減損会計や税効果会計といった、「会計上の見積もり」と呼ばれる、計算上の会計処理を行なうなど、高度な会計技術も必要になるため、社内の財務・経理人員の育成や外部からの詳しい人材の招へいなども行なっていきます。

 消費税・法人税の申告

　前述したように、消費税や法人税は原則として、期末日から2か月以内に申告・納付します。

　現時点では、法人税の申告は特例によりさらに1か月延長できる余地がありますが、詳細は顧問税理士などへ相談するのが賢明です。延長の特例を活用する場合でも、納付自体は2か月以内に行なうため、特に資金繰りには注意が必要です。

　消費税も法人税も、その期の納税額によっては、翌年度以降の税額を予定納税としてあらかじめ期中の所定の期限までに、納付しなければならないこともあり、この点でも資金繰りには注意が必要です。

株主総会の開催

　株主総会には、毎年行なう「**定時株主総会**」と、臨時に行なう「**臨時株主総会**」がありますが、年度決算は「定時株主総会」で行ないます。

　会社法や定款に従って所定の期日までに、株主に招集通知（連絡）を行なったり、状況に応じては簡略化したりしながら、その期の決算を承認してもらいます。

5章

社員の入社から退社まで
初めての雇用シミュレーション

執筆◎寺島有紀

内定から入社日までに行なうこと

　3章では、起業間もない企業であっても、知っておいてほしい労務管理の概論ともいえる重要ポイントについて解説しました。

　本章では、実際に従業員を雇うと、どういった業務が発生するのかという個々の手続きに関することなどの各論について解説していきます。

　なお、章のタイトルを「初めての雇用シミュレーション」としていますが、2人め、3人め…に雇用する従業員についても、基本的には同じ部分が多いため、この流れを頭に入れておくと、起業後の雇用手続きについてスムーズに進められると思います。

　まずこの項では、無事に採用活動が終わり、内定者を選定してから入社日までに行なうことを見ていきます。

 ## 内定通知書を出そう

　内定通知書は、「オファーレター」とも呼ばれますが、応募者に対して採用が内定したことをお知らせするものです。

　なお、労働基準法においては特段、内定通知書の作成・通知は義務づけられていません。

　ただし、どのような労働条件で、いつから働いてもらうことを予定しているのかを明確にすることで、後日、トラブルが発生することを防止するためにも、内定通知書の作成・通知は行なったほうがよいです。

　次ページ以下に「採用内定通知書」の例をあげておきましたので、参考にしてください。

◎「採用内定通知書」の作成例◎

年　　月　　日

採用内定通知書

_____　殿

株式会社 _____
代表取締役 _____　㊞

時下益々ご清祥のこととお慶び申し上げます。

先日は当社従業員の募集にご応募いただきありがとうございました。

厳正な選考の結果、下記の労働条件にて貴殿の採用を内定することといたしましたことを通知いたします。

つきましては、同封の内定承諾書に記名・捺印の上、当社までご返送くださいますようお願い申し上げます。

契約期間	期間の定めなし（入社日：　　　年　　月　　日）
雇用形態	正社員
就業の場所	本社オフィス
従事すべき業務の内容	システム開発
始業・終業の時刻、休憩時間、所定時間外労働の有無に関する事項	1　始業：（１０時００分）～ 終業：（１９時００分） 2　休憩時間：60分 3　所定時間外労働の有無：（ 有、 無 ） 4　休日労働の有無：（ 有、 無 ）
休　日	土曜、日曜、国民の祝日、その他会社が指定する日
休　暇	年次有給休暇　6か月継続勤務した場合　10日 継続勤務6か月以内の年次有給休暇（　無　）

115

賃　　金	1	基本給：250,000円
	2	固定時間外手当：87,900円（45時間相当の時間外割増手当分として支給する）
	3	通勤手当：1か月分の定期代を実費支給（上限30,000円）
	4	法定時間外、法定休日または深夜労働に対して支払われる割増賃金率 ①　法定時間外：（１２５）％ ②　法定休日：（１３５）％ ③　深夜：（２５）％加算
	5	賃金締切日：毎月末日、　賃金支払日：翌月25日
	6	昇給：有（人事考課によって現状維持や降給もありうる）
	7	賞与：業績によって支給する場合がある。
退職に関する事項	1	定年制：　有（６０歳）
	2	自己都合退職の手続き：退職する３０日以上前に届け出ること
	3	解雇の事由および手続き：就業規則による。
	4	退職金：無
加入保険	1	社会保険の加入状況（厚生年金保険、健康保険）
	2	雇用保険の適用：　有
その他	※詳細な労働条件については別途、就業規則によります。 入社日以降、労働条件通知書の交付とともに、内容を周知いたしますのでご確認ください。	

内定承諾書を返送してもらおう

また、内定通知書を送付するときには、それとあわせて「内定承諾書」も同封しましょう。

次ページに、内定承諾書の作成例をあげておきました。

なお判例上、企業が内定通知を出し、内定承諾書を受領することによって、労働契約が成立することとされるので、内定承諾書を受領した後に、企業側から一方的に内定の取消しを行なうことは難しくなります。

これは、3章の3-4項で解説した「解雇権濫用法理」が内定にも当てはまるとされているからです。

ただし、たとえば新卒採用した内定者が大学を留年してしまい、就労できなくなったといった、致し方ない事情があれば、通常は内定取消事由として認められます。

こうした内定取消事由についても、内定承諾書のなかにあらかじめ織り込んでおくと、内定取消しを行なう際の明確な根拠となります（次ページの例では織り込んでいます）。

いずれにしても、作成が面倒でも、採用内定通知書と内定承諾書は必ず取り交わしておきましょう。

年　　月　　日

内定承諾書

このたび、貴社の　　年　　月　　日付採用内定通知書を受領いたしました。

つきましては、正当な理由なく、また無断で入社を拒否しないことをお約束し、貴社指定の入社日をもって入社することを誓約いたします。

入社後は指示された書類は遅滞なく提出し、届出事項の変更がある場合は、直ちに変更の届出を行なうことをあわせて誓約いたします。

また、入社日までに下記の事由に該当することとなったときは、内定を取り消されても異論ございません。

記

1．【新卒採用の場合】　　年　　月に学校を卒業できなかったとき
2．【中途採用の場合】入社日までに前職の雇用を終了することができなかったとき、もしくは退職日が貴社と合意した日付より延期となったとき
3．履歴書、その他貴社に提出した書類の内容や採用面接時に確認した事項と事実が相違するとき
4．入社までの病気、事故等の健康状態の変化によって、正常な勤務ができないと貴社が判断したとき
5．犯罪行為・それに類する非行を犯し、貴社の品位を害する事由を生じさせたとき
6．貴社より提出するよう指示された書類を指定期日までに提出しないとき
7．貴社の業績悪化等、経営上やむを得ないとき
8．その他、前各号に準じて、やむを得ない事由が生じたとき

以上

住所
氏名　　　　　　　　　　㊞

118

労働条件通知書を作成しよう

　採用内定通知書と内定承諾書を取り交わした後は、入社後に取り交わす書類の準備を行ないます。まずは、「労働条件通知書」の作成です。

　会社には、労働者に法定の要件を明示した労働条件通知書を発行しなければならない義務があります。これは、正社員だけではなく、契約社員、アルバイトといった有期雇用者であっても同様です。

　労働基準法で明示が義務づけられている労働条件は、以下のとおりです。

書面の交付による明示事項

①労働契約の期間

②就業の場所・従事する業務の内容

③始業・終業時刻、所定労働時間を超える労働の有無、休憩時間、休日、休暇、交替制勤務をさせる場合は就業時転換に関する事項

④賃金の決定・計算・支払いの方法、賃金の締切り・支払いの時期に関する事項

⑤退職に関する事項（解雇の事由を含む）

口頭による明示でもよい事項

❶昇給に関する事項

❷退職手当の定めが適用される労働者の範囲、退職手当の決定・計算・支払いの方法、支払いの時期に関する事項

❸臨時に支払われる賃金・賞与などに関する事項

❹労働者に負担させる食費・作業用品その他に関する事項

❺安全衛生に関する事項　　❻職業訓練に関する事項

❼災害補償、業務外の傷病扶助に関する事項

❽表彰、制裁に関する事項　❾休職に関する事項

◎「労働条件通知書兼雇用契約書」の作成例◎

労働条件通知書兼雇用契約書

年　　月　　日

_____ 殿

事業場名称　　株式会社○○○○
事業場所在地　東京都千代田区○○○　1-1-1
代表者名　　　代表取締役　○○○○　㊞

契約期間	期間の定めなし（雇入日：　　年　月　　日） ※ただし、雇入日より3か月間は試用期間とする。
雇用形態	正社員
就業の場所	本社オフィス
従事すべき 業務の内容	システム開発 ※必要に応じ、業務を変更する場合があります。
始業・終業の 時刻、休憩時 間、所定時間 外労働の有無 に関する事項	1　始業：（10時00分）～ 終業：（19時00分） 2　休憩時間：1時間 3　所定時間外労働の有無：（ 有、 無 ） 4　休日労働の有無：（ 有、 無 ）
休　　日	土曜、日曜、国民の祝日、その他会社が指定する日
休　　暇	年次有給休暇　6か月継続勤務した場合　10日 継続勤務6か月以内の年次有給休暇（　無　）
賃　　金	1　基本給：250,000円 2　固定時間外手当：87,900円（45時間相当の時間外 　　割増手当分として支給する）

120

	3	通勤手当：1か月分の定期代を実費支給（上限30,000円）
	4	法定時間外、法定休日または深夜労働に対して支払われる割増賃金率 ① 法定時間外：（１２５）％ ② 法定休日：（１３５）％ ③ 深夜：（２５）％加算
	5	賃金締切日：毎月末日、 賃金支払日：翌月25日
	6	昇給：有（人事考課によって現状維持や降給もありうる）
	7	賞与：業績によって支給する場合がある。
退職に関する事項	1	定年制：　有　（６０歳） 2　自己都合退職の手続き：退職する３０日以上前に届け出ること 3　解雇の事由および手続き：就業規則第○章による 4　退職金：無
加入保険	1	社会保険の加入状況（厚生年金保険、健康保険） 2　雇用保険の適用：　有
その他		本労働条件通知書兼雇用契約書に記載のない事項については就業規則によるものとする。

本労働条件通知書兼雇用契約書について内容を理解し、上記について承諾いたしました。

年　　　月　　　日

労働者　　　　　　　　　　㊞

121

120、121ページに「労働条件通知書兼雇用契約書」の作成例をあげておきました。これを作成するにあたっては、以下の点に注意してください。

①試用期間

試用期間は判例上、最大で1年までしか設定できません。通常3〜6か月の範囲で設定している企業が多いようです。試用期間が長すぎる場合、採用面接などの際に求職者から質問されることもあるので注意してください。

②就業の場所

採用後、すぐに在宅勤務を行なわせる場合には、「自宅での勤務を命ずる」と明確にしておきましょう。

③休　日

休日とは、労働義務がない日です。会社によっては、「週2日（※詳細はシフトにより決定）」といった記載をしているところもあります。

④休　暇

年次有給休暇は、入社6か月経過後に通常、10日の付与が必要です。これは、労働基準法上の義務ですので、忘れずに付与しましょう。

なお、2019年4月から、付与日から1年以内に5日の有給休暇を取得させる義務が企業に課せられています。有休休暇の管理は、ルーズにならないよう、起業初期から管理体制を整えておきたいところです。

⑤賃　金

固定時間外手当（68ページ参照）があれば、作成例のように金額

と時間を明確に記載し、あいまいな記載とならないように留意しましょう。

　また、よく労働条件通知書と雇用契約書の違いを聞かれることがありますが、労働基準法で義務づけられている労働条件の明示を行なうものが労働条件通知書であり、雇用契約書は「労働者を雇用するときに、事業主と労働者の間で交わす契約書」です。

　この雇用契約書は、法的には特段、作成は義務づけられてはいません。

　実務上は、「労働条件通知書兼雇用契約書」として、相互に署名・押印をする欄を設けていることが多くなっています。

　これにより、単なる労働条件の通知のみではなく、労働者が労働条件に合意したという契約的な意味合いも持たせています。

　したがって、労働条件通知書と雇用契約書は別々に作成するのではなく、「労働条件通知書兼雇用契約書」として作成するという運用がシンプルでおすすめです。

３６協定の締結

　３６（サブロク）協定とは、正式には「**時間外・休日労働に関する協定届**」のことを指し、労働基準法第36条に規定されているので、３６協定と通称されています。

　労働基準法では、原則として１日８時間、１週40時間（＝**法定労働時間**）を超えて労働をさせることや休日に労働をさせることが禁止されています。

　しかし、この時間外・休日労働の労使協定（３６協定）を締結し、自社の管轄の労働基準監督署に届出をした場合には、時間外労働や休日労働をさせることが認められています。

　採用する従業員が短時間アルバイトなど、絶対に１日の法定労働時間である８時間を超えて時間外労働をさせることはないといった場合には、３６協定の締結・届出は必要ありません。

◎「時間外労働・休日労働に関する協定届」の

時間外労働
休日 労働

様式第9号の2 （第16条第1項関係）

事業の種類	事業の名称
インターネットサービス業	株式会社○○○○

<table>
<tr><td rowspan="7">時間外労働</td><td colspan="2"></td><td>時間外労働をさせる
必要のある具体的事由</td><td>業務の種類</td><td>労働者数
（満18歳
以上の者</td></tr>
<tr><td rowspan="5">① 下記②に該当しない労働者</td><td></td><td>臨時の受注、納期の変更、納期逼迫</td><td>開発</td><td>○人</td></tr>
<tr><td></td><td>臨時の面談や顧客への臨時の対応</td><td>営業</td><td>○人</td></tr>
<tr><td></td><td>臨時の業務及び決算等の業務</td><td>人事・総務・経理</td><td>○人</td></tr>
<tr><td></td><td></td><td></td><td></td></tr>
<tr><td></td><td></td><td></td><td></td></tr>
<tr><td colspan="2">② 1年単位の変形労働時間制
により労働する労働者</td><td></td><td></td><td></td></tr>
</table>

休日労働	休日労働をさせる必要のある具体的事由	業務の種類	労働者数 （満18歳 以上の者
	臨時の受注、納期の変更、納期逼迫	開発	○人
	臨時の面談や顧客への臨時の対応	営業	○人
	臨時の業務及び決算等の業務	人事・総務・経理	○人

上記で定める時間数にかかわらず、時間外労働及び休日労働を合算した時間数は、1箇月について10

124

る協定届

労働保険番号	1	3	1	2	3	4	5	6	7	8	9	0	0	0				
	都道府県	市轄	管轄			基幹番号								枝番号		被一括事業場番号	
法人番号		1	2	3	4	5	6	7	8	9	0	1	2	3				

事業の所在地（電話番号）	協定の有効期間
〒○○○－○○○○） 京都千代田区○○○１－１－１ 電話番号： 03-○○○○-○○○○）	2020 年 4 月 1 日から 2021 年 3 月 31 日

延長することができる時間数

定労働時間 （1 日） （任意）	1 日		1 箇月（①については 45 時間まで、②については 42 時間まで）		1 年（①については 360 時間まで、②については 320 時間まで）	
					起算日 （年月日）	2020 年 4 月 1 日
	法定労働時間を超える時間数	所定労働時間を超える時間数 （任意）	法定労働時間を超える時間数	所定労働時間を超える時間数 （任意）	法定労働時間を超える時間数	所定労働時間を超える時間数 （任意）
	15 時間		45 時間 ↑ 変更不可		360 時間 ↑ 変更不可	

所定休日 （任意）	労働させることができる 法定休日の日数	労働させることができる法定 休日における始業及び終業の時刻
	1 か月に 2 日	0 時～24 時の間で、原則 8 時間 以内とする

間未満でなければならず、かつ 2 箇月から 6 箇月までを平均して 80 時間を超過しないこと。 ☑

（チェックボックスに要チェック）

◎「時間外労働・休日労働に関する協定届

時間外労働
休日労働 に関する

様式第9号の2（第16条第1項関係）

臨時的に限度時間を超えて労働させることができる場合	業務の種類	労働者数（満18歳以上の者）	1日（任意）延長することができ	
			法定労働時間を超える時間数	所定超
大規模かつ臨時の受注、納期の変更、納期逼迫	開発	○人	15時間	
逼迫した臨時の面談や顧客への臨時の対応	営業	○人		
大規模かつ臨時の業務及び決算等の業務	人事・総務・経理	○人		

限度時間を超えて労働させる場合における手続	労働者代表に対する事前通告	
限度時間を超えて労働させる労働者に対する健康及び福祉を確保するための措置	（該当する番号）⑥	（具体的内容）有給休暇の連続取得の促進

上記で定める時間数にかかわらず、時間外労働及び休日労働を合算した時間数は、1箇月について

協定の成立年月日　　　　　20○○年○月○日

協定の当事者である労働組合（事業場の労働者の過半数で組織する労働組合）の名称又は労働者の過半数を代表

協定の当事者（労働者の過半数を代表する者の場合）の選出方法
　　　　　　　　　　　20○○年○月○日

中央　　　労働基準監督署長殿

126

（特別条項）」の記載例◎

届（特別条項）

		1箇月 （時間外労働及び休日労働を合算した時間数。100時間未満に限る。）			1年 （時間外労働のみの時間数。 720時間以内に限る。）		
					起算日 （年月日）	令和2年4月1日	
数	限度時間を超えて労働させることができる回数（6回以内に限る。）	延長することができる時間数 及び休日労働の時間数		限度時間を超えた労働に係る割増賃金率	延長することができる時間数		限度時間を超えた労働に係る割増賃金率
間を 間数		法定労働時間を超える時間数と休日労働の時間数を合算した時間数	所定労働時間を超える時間数と休日労働の時間数を合算した時間数 （任意）		法定労働時間を超える時間数	所定労働時間を超える時間数 （任意）	
	6回	60時間		25%	630時間		25%

**自社で設定
（60時間～70時間が一般的）**

間未満でなければならず、かつ2箇月から6箇月までを平均して80時間を超過しないこと。☑

（チェックボックスに要チェック）

①～⑩から選択する。
①労働時間が一定時間を超えた労働者に医師による面接指導を実施すること
②労働基準法第37条第4項に規定する時刻の間において労働させる回数を1か月について一定回数以内とすること
③終業から始業までに一定時間以上の継続した休息時間を確保すること
④労働者の勤務状況およびその健康状態に応じて、代償休日または特別な休暇を付与すること
⑤労働者の勤務状況およびその健康状態に応じて、健康診断を実施すること
⑥年次有給休暇についてまとまった日数連続して取得することを含めてその取得を促進すること
⑦心とからだの健康問題についての相談窓口を設置すること
⑧労働者の勤務状況およびその健康状態に配慮し、必要な場合には適切な部署に配置転換をすること
⑨必要に応じて、産業医等による助言・指導を受け、または労働者に産業医等による保健指導を受けさせること
⑩その他

127

しかし、万が一にでも時間外労働があり得るのであれば、３６協定を締結しないで時間外労働をさせることは労働基準法違反となるので、必ず締結・届出をしましょう。

　なお、124、125ページに「３６協定届」、126、127ページに「特別条項付き３６協定届」の記載例をあげておきました。
　特別条項付き３６協定は、臨時的に特別の事情によって労基法上の限度時間を超えて時間外労働を行なう必要がある場合に締結・届出するものです。

 ## 就業規則を作成しよう

　労働者が10名以上いる場合は、就業規則の作成・届出が労働基準法で義務づけられていますが、10名未満の場合には、就業規則の作成は義務ではありません。
　そのため、起業して１人めを雇用する場合には、就業規則の作成は必ずしも必要ではありません。
　ただし起業後、10名になるのを待たずとも、「これから人が増えそうだ」というような手ごたえを感じ始めたぐらいの早いタイミングで、就業規則の作成をお勧めしています。
　その理由としては、以下にあげる３つの理由があるからです。

①会社を守る武器となるから

　たとえば、問題社員が発生した場合には通常、企業秩序を守るために「懲戒処分」で将来を戒めるということが必要になります。
　懲戒処分には、軽微なものでは始末書を提出させる「**けん責**」処分というものから、一番重い処分だと、会社との雇用契約を一方的に終了させる「**懲戒解雇**」まであります。
　こうした懲戒処分は、就業規則に懲戒事由が記載されていないと行なうことはできません。

②補助金・助成金の受給に就業規則が必要となるから

　起業する際に、国や地方公共団体等から補助金や助成金を受けたことがある、という人もいるかもしれません。

　厚生労働省でも毎年、雇用に関する助成金が設けられています。特に有名なものとしては「キャリアアップ助成金」があります。名前くらいは聞いたことがあるかもしれません。

　このキャリアアップ助成金は、いわゆる非正規雇用労働者を正社員にしたり、非正規雇用労働者のキャリアアップ、処遇改善の取組みを実施した事業主に支給される助成金です。

　たとえば、有期契約労働者等を正社員に転換した場合、1人あたり57万円が支給されます（中小企業の場合／2020年度）。

　こうしたキャリアアップ助成金をはじめ、雇用に関する助成金については、就業規則の作成が必須となっているものが多くあります。

　そのため、早めに就業規則を作成しておくと、いざというときに助成金の受給がしやすいということがあります。

③就業規則は不利益変更が難しいから

　3章の3-2項でも説明しましたが、一度作成した就業規則は、労働者の不利益となるように変更することは難しく、どうしても不利益な内容への変更を行なおうとする場合には、全従業員を対象にした規程に関する内容説明会を開き、同意書を受領するというようなプロセスを経る必要があります。

　そのため、後々に大変なことにならないように、起業後の早い段階で、しっかりとした就業規則を作成しておくことをお勧めしています。

5-2 入社日から速やかに行なうこと

 労働条件通知書兼雇用契約書に署名・押印してもらおう

この項では、従業員が入社してから速やかに行なうことをみていきます。

まず、入社日までに準備しておいた「労働条件通知書兼雇用契約書」に署名・押印をもらいましょう。

ちなみに、これは必ずしも入社日に行なう必要はありませんが、入社日までには完了しておきたいところです。

紙で作成する場合は、2部用意し、そのうち1部を会社が回収するという運用をすることになります。

なお、労働条件通知書は法改正により、2019年4月からは電子データによる明示が可能になりました。

従来は、書面による明示が必ず必要でしたが、データによる明示でもよくなったため、たとえばクラウドサインといった電子契約システムを利用した締結でも問題はありません。

 36協定に押印してもらおう

36協定の締結については、労働者代表の署名・押印が必要となります。

これまで労働者がいなかった企業については、最初の労働者となる人が自動的に労働者代表になるので、36協定の締結の当事者になってもらう必要があります。

36協定は、労働基準監督署に届出をして受理印を押された日から有効となります。したがって、入社日当日から時間外労働が予想される場合には、入社するその日のうちに直接、管轄の労働基準監督署に赴き、36協定届を提出して受理印をもらっておきたいとこ

ろです。

　なお、労働基準監督署に提出する際には、会社の控えも必ず持参して受領しておきましょう。

　また、この３６協定は、原則として１年に１回更新し、労働基準監督署への届出が必要です。

　３６協定の届出は前述のとおり受理印が押された日以降のみ効力が及ぶため、年に１回の更新スケジュール管理は重要です。

 労働者名簿・賃金台帳・出勤簿をつくろう

　労働者を１人でも雇うと、「労働者名簿」「賃金台帳」「出勤簿」の３つを作成する義務があります。

　これら３つをあわせて「**法定三帳簿**」と総称されています。

①労働者名簿とは

　「労働者名簿」は、労働基準法により作成・保管することが義務づけられているもので、労働者ごとにそれぞれ作成する必要があります。

　労働者名簿には、次の事項が盛り込まれている必要があります。

---

①氏名　　②生年月日　　③履歴　　④性別　　⑤住所
⑥従事する業務の種類（常時30人未満を使用する事業においては記入不要）
⑦雇入れの年月日、退職の年月日およびその事由（解雇の理由も含む）、死亡の年月日およびその原因

　また、この労働者名簿は、当該従業員が死亡、退職、解雇の日から３年間、保管することが義務づけられています。

　最近では、クラウド労務管理ソフトにおいて、従業員情報を入力すると自動的に労働者名簿が作成できるものもあります。

②賃金台帳とは

「賃金台帳」も、労働基準法により作成と３年間の保管が義務づけられています。

賃金台帳には、次の事項が盛り込まれている必要があります。

---

①労働者氏名　　②性別　　③賃金の計算期間　　④労働日数
⑤労働時間数　　⑥時間外労働時間数　　⑦深夜労働時間数
⑧休日労働時間数　⑨基本給や手当等の種類と額
⑩控除項目と額

賃金台帳も昨今は、給与計算ソフトで自動的に作成できる仕様となっているものがほとんどなので、給与計算ソフトを利用していれば特段、心配することはありません。

③出勤簿とは

「出勤簿」は、労働基準法施行規則等により作成が義務づけられています。また、従業員の最終出勤日から３年間の保管が義務づけられています。

出勤簿の記載事項について労働基準法では、明確な要件は定義されていませんが、賃金台帳のベースとなるのが出勤簿なので、次の事項は記録しておくとよいでしょう。

---

①氏名　　②出勤日　　③出勤日ごとの始業・終業時刻
④休憩時間　　⑤時間外労働時間、深夜労働時間、休日労働時間
⑥休日、休暇の取得日

なお、出勤簿の様式は自由ですが、クラウド勤怠ソフト等を利用すれば、出勤簿が自動的に作成されるものも多くありますので、こうしたソフトを利用すると便利です。

社会保険の加入手続きをしよう

　従業員を雇用すると、社会保険・労働保険関連の手続きが必要となります。まずは、社会保険からみていきましょう。

【そもそも社会保険とは】

　社会保険とは、具体的には「健康保険（介護保険を含む）」と「厚生年金保険」を指します。従業員の雇用時に手続きが必要となるのは、健康保険と厚生年金保険です。

　健康保険は、企業等に勤める人が加入する公的な医療保険制度です。病気やケガで治療を受けるときや、それにより働くことができなくなり休業した場合、出産、死亡などの事態が発生した場合に保険給付を受けることができます。

　健康保険の保険者には、政府が管掌する「全国健康保険組合」（通称「協会けんぽ」）や、企業独自で設立した健康保険組合などがあります。

　創業間もない企業については、通常、協会けんぽに加入することになりますが、創業後ある程度経つと、協会けんぽよりも保険料率が低く、付加給付などのあるＩＴ健保（関東ＩＴソフトウェア健康保険組合）といった業界別の健康保険組合に加入する企業が多くなります。

　一方、**厚生年金保険**は、国民年金を土台とした、政府が保険者である「2階部分の公的年金制度」です。

　国民年金は、「基礎年金」とも呼ばれ、すべての国民を対象とする年金制度ですが、厚生年金保険は民間企業や公務員等の被用者が加入するもので、国民年金に上乗せする形で自身の報酬に比例した年金が支給される制度です。

　厚生年金保険の給付内容としては、65歳から支給される「老齢厚生年金」や、障害が生じた場合に支給される「障害厚生年金」、被

5章

社員の入社から退社まで　初めての雇用シミュレーション

133

保険者が亡くなったときの「遺族厚生年金」があります。

　これらの健康保険と厚生年金保険を併せて「社会保険」といいますが、下表に当てはまる企業についてはこの社会保険への加入が必要です。

法人事業所	個人事業所	
	常用労働者の雇用人数	
○ 強制適用	５人未満	５人以上
	× 適用除外	○ 強制適用

　つまり法人であれば、たとえ代表取締役１人であったとしても、社会保険は強制加入の対象となります。

　そのため、起業した会社が創業者である代表取締役１人のときでも、社会保険への加入が必要となります（なお、役員報酬が発生していない場合には加入できません）。

　そして、会社で社会保険に初めて加入するという場合には、下表の書類の作成・届出が必要です。

◎社会保険の新規加入のために必要な書類◎

書類名	主な添付書類	提出先	提出期限
健康保険・厚生年金保険 新規適用届	法人（商業）登記簿謄本（原本１通）	＜郵送の場合＞ 事務センター（事業所の所在地を管轄する年金事務所）	事実発生から５日以内
健康保険・厚生年金保険 被保険者資格取得届	——		
＜扶養する人がいる場合＞ 健康保険 被扶養者（異動）届・国民年金第３号被保険者関係届	収入がわかる書類（課税・非課税証明書等）		

【社会保険の加入要件】

　社会保険には、加入要件というものがあります。

　社会保険は、正社員のほか、労働時間や労働日数が正社員の４分の３以上のパートタイマー、アルバイト等も加入させなければなりません。

　多くの場合、正社員の労働時間は週40時間ですので、週に30時間以上働くパートタイマー等も社会保険の加入対象となることになります。

　参考までに付け加えると、2016年10月より、パートタイマー等が以下の５つの条件に当てはまる場合には、正社員の４分の３未満の労働時間であっても社会保険に加入させなければならなくなりました。

---

①週の所定労働時間が20時間以上

②賃金が月８万8,000円以上であること

③１年以上使用されることが見込まれること

④従業員501名以上の勤務先で働いていること

⑤学生でないこと

　（※）定時制や通信制の学生の場合は除く

　ただし、これらの条件は、創業間もない企業については④の従業員規模が501名以上となることは皆無であることから、起業初期には、「週30時間以上働く従業員が社会保険の対象になる」と覚えておけばよいでしょう。

　ちなみに、社会保険の資格取得（社会保険の「被保険者」になるといいます）に関して必要となる書類は、次ページ表のとおりです。

　なお、「健康保険・厚生年金保険 被保険者資格取得届」を提出する場合に、もしその従業員（被保険者）に被扶養者（扶養する家族）

◎社会保険の資格取得のために必要な書類◎

書類名	添付書類	提出先	提出期限
健康保険・厚生年金保険被保険者資格取得届	――――	＜郵送の場合＞事務センター（事業所の所在地を管轄する年金事務所）	事実発生から5日以内
健康保険 被扶養者（異動）届・国民年金第3号被保険者関係届	収入がわかる書類など（課税・非課税証明書等）		

がいるようであれば、「健康保険 被扶養者（異動）届（国民年金第3号被保険者関係届）」を併せて提出します。

 労働保険の加入手続きをしよう

次に、労働保険についてみていきましょう。

労働保険は、「労働者」を雇う場合に加入が必要となる保険です。加入対象は労働者なので、代表取締役をはじめとした取締役は対象とはなりません。

社会保険は代表取締役1人でも加入が必要でしたが、労働保険は取締役のみの会社の場合には加入は不要です。

労働保険とは、「労働者災害補償保険」（労災保険）と「雇用保険」を総称したものです。

【労災保険とは】

労災保険とは、正式名称を「労働者災害補償保険」といい、政府が保険者であり、労働者が仕事中や通勤中にケガ等をした場合に給付が行なわれる保険制度です。

病院において無料で治療を受けることができる「療養給付」や、療養期間中に所得保障として「休業給付」が支給されます。

また、障害が発生した場合には、障害の程度に応じて「障害給付」が受けられ、死亡時には遺族の所得保障として「遺族給付」などが

◎労働保険の新規加入のために必要な書類◎

書類名	主な添付書類	提出先	提出期限
労働保険 保険関係成立届	法人（商業）登記簿謄本 原本1通	所轄労働基準監督署または公共職業安定所（ハローワーク）	保険関係が成立した日から10日以内
概算保険料申告書	──		
雇用保険適用事業所設置届	●法人（商業）登記簿謄本 原本1通 ●労働保険保険関係成立届の控え等	公共職業安定所（ハローワーク）	
雇用保険被保険者資格取得届	──		

◎労働保険の資格取得のために必要な書類◎

書類名	主な添付書類	提出先	提出期限
雇用保険被保険者資格取得届	賃金台帳、労働者名簿、出勤簿（タイムカード）、他の社会保険の資格取得関係書類、雇用期間を確認できる資料（雇用契約書等）	公共職業安定所（ハローワーク）	被保険者となった日の属する月の翌月10日まで

受けられます。

　なお、この労災保険は労働者の保険料の負担はなく、会社のみが保険料を支払うことになっています。

【雇用保険とは】

雇用保険は、主に労働者が、失業や育児・介護などにより賃金が受けられない状態となった場合に、必要な給付を行なうことで労働者の生活や雇用安定を図るための制度です。

会社を退職後に一定の要件を満たせば「基本手当」（通称「失業給付」）を受けることができるのも、この制度のおかげです。

雇用保険では、労災保険とは異なり、労働者自身も雇用保険料を負担することが必要になり、毎月の給与から控除（天引き）することになります。

また、労災保険は、労働者（パートタイマーやアルバイトも含む）を1人でも雇えば適用になりますが、雇用保険は、週の労働時間が20時間以上、かつ31日以上雇用の継続が見込まれる従業員（パートタイマーやアルバイトも含む）を1人でも雇うと適用になります。

労働保険の新規加入のために必要となる書類は、前ページ上表のとおりです。

また、労働保険の資格取得のために必要となる書類は、前ページ下表のとおりです。

なお、労災保険については特段、資格取得に要する手続き等はなく、労災保険に加入していれば当然に、従業員は被保険者として取り扱われますので、何らかの届出を行なう必要はありません。

住民税の特別徴収の手続きをしよう

会社には、所得税の源泉徴収義務がありますが、住民税についても**特別徴収義務**があります。つまり、特別徴収義務者として、すべての従業員について、個人住民税をその従業員の給与から天引き（控除）する特別徴収を行なう義務があります。

なお、事業所の総従業員数が2人以下であれば、特別徴収ではなく「普通徴収」（従業員が個人で納付する制度）とすることも可能なので、初めて雇用する従業員が1名あるいは2名の場合には、特

別徴収は不要です。

　そうでない場合には、従業員の入社にあたり、給与から住民税の特別徴収をする手続きを行なう必要があります。

　ちなみに、たとえば前の会社を中途で辞めて入社してきた人が「特別徴収にかかる給与所得者異動届」を提出してきた場合には、会社名、住所、特別徴収を開始する月等を記入して、従業員が居住する各市区町村に提出します。

　また、こうした異動届の提出がなく、新しく入社してくる従業員が普通徴収を選択していても、市区町村によっては特別徴収に切り替えることができます。

　この場合、各市区町村ごとに申請する様式が異なっているので、各自治体のホームページ等で確認したうえで、切替えの届出をしましょう。

 ## 雇入れ時の健康診断をしよう

　従業員を雇い入れる際には、労働安全衛生法上、「医師による健康診断」を実施することが義務づけられています。

　これは、企業規模に関わらず実施が義務となっているので、従業員数が少なかったとしても実施することが必要です。

　この雇入れ時の健康診断の対象となるのは、①期間の定めのない労働契約か、有期雇用でも1年以上雇用される予定の者で、かつ②週の労働時間が正社員の4分の3以上の従業員です。

　つまり通常、正社員として雇用すれば、無期雇用で週労働時間も40時間であるため対象となりますし、契約社員やアルバイトなどの有期雇用であっても、1年以上の雇用契約となっており、なおかつ週30時間以上働く場合には対象になります。

　ただし実務上、この雇入れ時の健康診断は、健康診断を受けてから3か月以内の者を雇い入れる場合で、健康診断の結果を提出してもらったときは、その項目の健康診断を省略できることが、労働安全衛生規則で定められています。

◎雇入れ時の健康診断項目◎

	診断項目
1	既往歴および業務歴の調査
2	自覚症状および他覚症状の有無の検査
3	身長、体重、腹囲、視力および聴力の検査
4	胸部エックス線検査および喀痰検査
5	血圧の測定
6	貧血検査
7	肝機能検査
8	血中脂質検査
9	血糖検査
10	尿検査
11	心電図検査

　そのため、入社時にはあらかじめ従業員が上表の項目について受診した健康診断の結果を提出してもらうという運用が行なわれていることが多くなっています。

　なお、雇入れ時の健康診断の費用は、会社と従業員のどちらが負担するのか、というご質問を受けることが多くあります。
　実は、法律上どちらに負担義務があるかまでは明記されていません。そのため、従業員の自己負担で行なってもらうことでも違法ではありませんが、そもそも法律上、会社が健康診断を実施する義務がある以上、健康診断の費用は会社負担で行なう企業が多くなっています。

給与支払い日までに行なうこと

給与の支払いには厳格なルールがある

従業員を雇うと毎月、給与計算を行なう必要があります。

従業員に支払う給与というのは、労働者にとっては生計の源なので、労働基準法では下図の「給与支払い5原則」という厳格なルールが定められています。

特に、④と⑤の原則にあるように、給与は毎月1回以上、一定期日に支払う必要があります。そのため、給与計算は毎月、しっかりと行なう必要があるわけです。

◎労働基準法上の給与支払い5原則◎

① 通貨払いの原則

通貨で支払わなければならないというルール

② 直接払いの原則

支払い方は、直接、労働者に支払わなければならないというルール

③ 全額払いの原則

全額を支払わなければならないというルール

④ 毎月1回以上払いの原則

必ず毎月1回以上、支払わなければならないというルール

⑤ 一定期日払いの原則

一定の期日を定めて支払わなければならないというルール

給与計算業務は、大きく分けて次の４つのステップ（ＳＴＥＰ）に分かれています。

ＳＴＥＰ１ … 振込額の決定
ＳＴＥＰ２ … 給与振込み手続き
ＳＴＥＰ３ … 給与明細の発行
ＳＴＥＰ４ … 社会保険料・税金等の納付

では、このステップの順に詳しい業務内容をみていくことにしましょう。

ＳＴＥＰ１…振込額の決定

給与計算の目的は、適切な振込額を確定させることです。

ただし、この振込額を決定する作業は、慣れないうちは苦労するかもしれません。

振込額を決定するためには、次の２つの計算が必要になります。

---

①総支給額の計算　　　②控除額の計算

そして、①から②を控除すれば振込額が決定します。

ここではよりわかりやすく理解してもらうために、給与計算の大まかな流れを実際の例をもとに解説していきます。

【シミュレーション…正社員Ａさんの場合】
- 月給25万円／通勤手当（月額）１万円
- 所得税法上の扶養親族は０人
- 住民税は月額１万5,000円
- 会社の事業年度は4/1～3/31
- 土日祝祭日は休日

---

1 総支給額の計算

まず、総支給額を計算します。

このシミュレーションのように、正社員の場合は通常、「基本給25万円」といったように月額で固定していることが多いと思います。

さらに、通勤に要する費用として、たとえば定期券相当額の通勤手当を毎月支給する企業が多くなっています（定期券に合わせて3か月分あるいは6か月分の通勤手当を支給する会社もあります）。

つまりAさんの場合は、通勤手当が月1万円ですから、毎月、定額で「25万円＋1万円＝26万円」が、まず総支給額として確定しているわけです。

これに加えて、もし時間外労働があれば、その分の残業代の支給が必要となります。

残業代の支給については、以下の割増賃金率に応じて支給する必要があります。

---

①1日8時間、週40時間を超える時間外労働を行なう場合
…125％
②夜10時～翌朝5時までの深夜に労働する場合…25％の上乗せ
③法定休日出勤…135％

では、もしAさんが、月に40時間の時間外労働を行なった場合（深夜労働ではない）には、割増賃金はいくら必要になるのでしょうか。

時間外労働についての割増賃金の計算は、おおむね次の計算方法で行なうのが一般的です。

基準内賃金÷1か月平均所定労働時間×1.25×時間外労働時間

【基準内賃金とは】

基準内賃金とは、残業代を算出する際の基礎となる賃金のことをいいます。

なお、この基準内賃金には含まれないものがあり、労働基準法施行規則というもので、残業代を算出する際の基礎から除外できる賃金が決まっています。

◎労働基準法施行規則上、残業代の基礎から除外できる賃金◎

①家族手当

②通勤手当

③別居手当

④子女教育手当

⑤住宅手当

⑥臨時に支払われる賃金

⑦1か月を超える期間ごとに支払われる賃金

逆にいえば、これら以外の賃金はすべて残業代を算出する際の基礎となる賃金に含める必要があります。先ほどのケースでいえば、通勤手当は除外できますが、基本給の25万円は基準内賃金になります。

一般に、創業間もない企業で手当として設定しているのは、通勤手当程度のことが多いので、「通勤手当は残業代を算出する際の基礎となる賃金に含めなくてよい」ということだけは覚えておきましょう。

【1か月平均所定労働時間とは】

割増賃金を求める際の「1か月平均所定労働時間」は次の計算式で算出します。

> 1か月平均所定労働時間
> ＝（暦日数（365日 or 366日）－休日）
> 　　　　　　　　　　　　　×所定労働時間÷12か月

　暦日数と休日を算出する際の年度の起算については、特段、法律には定めがないので、会社の事業年度などで管理することがわかりやすいと思います。

　したがって、このシミュレーションでは4/1〜3/31を事業年度としているので、たとえば2020年4月1日から開始する事業年度の場合は、土・日・祝日数は119日あります。

　そのため、「（365日－119日）×8時間÷12か月＝164時間」が1か月平均所定労働時間として算出されます。

　その結果、Aさんの時間外労働が40時間とすると、残業代は次のように計算します。

> 25万円÷164時間×1.25×40時間＝7万6,219.5円

　計算上、生じた端数は四捨五入か切上げで処理します（これについても給与計算ソフト等で設定することになります）。

　この会社では四捨五入して、残業代7万6,220円を総支給額にプラスします。

　したがって、総支給額は「25万円＋1万円＋7万6,220円＝33万6,220円」となります。

② 控除額の計算

　給与計算における控除額には、社会保険料（健康保険料（＋介護保険料）、厚生年金保険料）、雇用保険料、所得税、住民税があります。

◎令和２年３月分（４月納付分）からの健康保険・厚生年金保険の保険料額表◎

▶健康保険料率：令和２年３月分～適用　▶厚生年金保険料率：平成29年９月分～適用
▶介護保険料率：令和２年３月分～適用　▶子ども・子育て拠出金率：平成31年４月分～適用

(東京都)　　　　　　　　　　　　　　　　　　　　　　　　　　　　　　　　　　(単位：円)

標準報酬 等級	標準報酬 月額	報酬月額 円以上	報酬月額 円未満	全国健康保険協会管掌健康保険料 介護保険第2号被保険者に該当しない場合 9.87% 全額	折半額	介護保険第2号被保険者に該当する場合 11.66% 全額	折半額	厚生年金保険料（厚生年金基金加入員を除く） 一般、坑内員・船員 18.300%※ 全額	折半額
1	58,000	~	63,000	5,724.6	2,862.3	6,762.8	3,381.4		
2	68,000	63,000	73,000	6,711.6	3,355.8	7,928.8	3,964.4		
3	78,000	73,000	83,000	7,698.6	3,849.3	9,094.8	4,547.4		
4(1)	88,000	83,000	93,000	8,685.6	4,342.8	10,260.8	5,130.4	16,104.00	8,052.00
5(2)	98,000	93,000	101,000	9,672.6	4,836.3	11,426.8	5,713.4	17,934.00	8,967.00
6(3)	104,000	101,000	107,000	10,264.8	5,132.4	12,126.4	6,063.2	19,032.00	9,516.00
7(4)	110,000	107,000	114,000	10,857.0	5,428.5	12,826.0	6,413.0	20,130.00	10,065.00
8(5)	118,000	114,000	122,000	11,646.6	5,823.3	13,758.8	6,879.4	21,594.00	10,797.00
9(6)	126,000	122,000	130,000	12,436.2	6,218.1	14,691.6	7,345.8	23,058.00	11,529.00
10(7)	134,000	130,000	138,000	13,225.8	6,612.9	15,624.4	7,812.2	24,522.00	12,261.00
11(8)	142,000	138,000	146,000	14,015.4	7,007.7	16,557.2	8,278.6	25,986.00	12,993.00
12(9)	150,000	146,000	155,000	14,805.0	7,402.5	17,490.0	8,745.0	27,450.00	13,725.00
13(10)	160,000	155,000	165,000	15,792.0	7,896.0	18,656.0	9,328.0	29,280.00	14,640.00
14(11)	170,000	165,000	175,000	16,779.0	8,389.5	19,822.0	9,911.0	31,110.00	15,555.00
15(12)	180,000	175,000	185,000	17,766.0	8,883.0	20,988.0	10,494.0	32,940.00	16,470.00
16(13)	190,000	185,000	195,000	18,753.0	9,376.5	22,154.0	11,077.0	34,770.00	17,385.00
17(14)	200,000	195,000	210,000	19,740.0	9,870.0	23,320.0	11,660.0	36,600.00	18,300.00
18(15)	220,000	210,000	230,000	21,714.0	10,857.0	25,652.0	12,826.0	40,260.00	20,130.00
19(16)	240,000	230,000	250,000	23,688.0	11,844.0	27,984.0	13,992.0	43,920.00	21,960.00
20(17)	260,000	250,000	270,000	25,662.0	12,831.0	30,316.0	15,158.0	47,580.00	23,790.00
21(18)	280,000	270,000	290,000	27,636.0	13,818.0	32,648.0	16,324.0	51,240.00	25,620.00
22(19)	300,000	290,000	310,000	29,610.0	14,805.0	34,980.0	17,490.0	54,900.00	27,450.00
23(20)	320,000	310,000	330,000	31,584.0	15,792.0	37,312.0	18,656.0	58,560.00	29,280.00
24(21)	340,000	330,000	350,000	33,558.0	16,779.0	39,644.0	19,822.0	62,220.00	31,110.00
25(22)	360,000	350,000	370,000	35,532.0	17,766.0	41,976.0	20,988.0	65,880.00	32,940.00
26(23)	380,000	370,000	395,000	37,506.0	18,753.0	44,308.0	22,154.0	69,540.00	34,770.00
27(24)	410,000	395,000	425,000	40,467.0	20,233.5	47,806.0	23,903.0	75,030.00	37,515.00
28(25)	440,000	425,000	455,000	43,428.0	21,714.0	51,304.0	25,652.0	80,520.00	40,260.00
29(26)	470,000	455,000	485,000	46,389.0	23,194.5	54,802.0	27,401.0	86,010.00	43,005.00
30(27)	500,000	485,000	515,000	49,350.0	24,675.0	58,300.0	29,150.0	91,500.00	45,750.00
31(28)	530,000	515,000	545,000	52,311.0	26,155.5	61,798.0	30,899.0	96,990.00	48,495.00
32(29)	560,000	545,000	575,000	55,272.0	27,636.0	65,296.0	32,648.0	102,480.00	51,240.00
33(30)	590,000	575,000	605,000	58,233.0	29,116.5	68,794.0	34,397.0	107,970.00	53,985.00
34(31)	620,000	605,000	635,000	61,194.0	30,597.0	72,292.0	36,146.0	113,460.00	56,730.00
35	650,000	635,000	665,000	64,155.0	32,077.5	75,790.0	37,895.0		
36	680,000	665,000	695,000	67,116.0	33,558.0	79,288.0	39,644.0		
37	710,000	695,000	730,000	70,077.0	35,038.5	82,786.0	41,393.0		
38	750,000	730,000	770,000	74,025.0	37,012.5	87,450.0	43,725.0		
39	790,000	770,000	810,000	77,973.0	38,986.5	92,114.0	46,057.0		
40	830,000	810,000	855,000	81,921.0	40,960.5	96,778.0	48,389.0		
41	880,000	855,000	905,000	86,856.0	43,428.0	102,608.0	51,304.0		
42	930,000	905,000	955,000	91,791.0	45,895.5	108,438.0	54,219.0		
43	980,000	955,000	1,005,000	96,726.0	48,363.0	114,268.0	57,134.0		
44	1,030,000	1,005,000	1,055,000	101,661.0	50,830.5	120,098.0	60,049.0		
45	1,090,000	1,055,000	1,115,000	107,583.0	53,791.5	127,094.0	63,547.0		
46	1,150,000	1,115,000	1,175,000	113,505.0	56,752.5	134,090.0	67,045.0		
47	1,210,000	1,175,000	1,235,000	119,427.0	59,713.5	141,086.0	70,543.0		
48	1,270,000	1,235,000	1,295,000	125,349.0	62,674.5	148,082.0	74,041.0		
49	1,330,000	1,295,000	1,355,000	131,271.0	65,635.5	155,078.0	77,539.0		
50	1,390,000	1,355,000	~	137,193.0	68,596.5	162,074.0	81,037.0		

◆介護保険第2号被保険者は、40歳から64歳までの方であり、健康保険料率（9.87%）に介護保険料率（1.79%）が加わります。
◆等級欄の（　）内の数字は、厚生年金保険の標準報酬月額等級です。
　4(1)等級の「報酬月額」欄は、厚生年金保険の場合「93,000円未満」と読み替えてください。
　34(31)等級の「報酬月額」欄は、厚生年金保険の場合「605,000円以上」と読み替えてください。
◆令和2年度における全国健康保険協会の任意継続被保険者について、標準報酬月額の上限は、300,000円です。

※厚生年金基金に加入している方の厚生年金保険料率は、基金ごとに定められている免除保険料率（2.4%～5.0%）を控除した率となります。

加入する基金ごとに異なりますので、免除保険料率および厚生年金基金の掛金については、加入する厚生年金基金にお問い合わせください。

※全国健康保険協会ＨＰの「都道府県ごとの保険料率」または健康保険組合ＨＰで最新のものを確認してください。

　給与計算ソフトを使えば最近では社会保険料等は自動的に計算されるのでそこまで心配することはありませんが、考え方は理解しておくべきでしょう。

【社会保険料の控除】

　総支給額から控除する社会保険料については、入社時に「被保険者資格取得届」を提出しており、そこで決定された「**標準報酬月額**」というものを基準に控除額が決まります。

　実は、控除する社会保険料については、事業所のある都道府県ごとに「保険料額表」が定められています。

　参考までに前ページに東京都のものを掲載しておきましたが、Aさんの場合、入社時の標準報酬月額は、「基本給＋通勤手当」の26万円で決定しているはずです。

　そのため、この保険料額表の「標準報酬月額　260,000円」のところを見ると、健康保険料は12,831円、厚生年金保険料は23,790円になります。

【雇用保険料の控除】

　雇用保険料は、給与の総支給額に雇用保険料率をかけて算出します。

　雇用保険料率は、農林水産業・建設業以外の業種であれば、令和2年度は3/1,000となっています。つまりAさんの場合は、「（25万円＋1万円＋7万6,220円）×3/1,000＝1,008.6円」となります。

　雇用保険料の労働者負担額を天引き控除する場合に、1円未満の端数が出たときは、原則として「50銭以下の場合は切捨て、50銭1厘以上の場合は切上げ」となるので、Aさんの雇用保険料は1,009円となります。

【所得税・住民税の控除】

　総支給額から控除する所得税については、「給与所得の源泉徴収税額表」（月額表）というものがあり（次ページ参照）、「その月の社会保険料等控除後の給与等の金額」と「扶養親族等の数」によって控除する所得税額が決定されます。

　通勤手当は、基本的に非課税となるので、給与等の金額からは除きます。

　Aさんの場合、社会保険料等控除後の給与等の金額は、「基本給＋残業代＝326,220円」から、「健康保険料12,831円＋厚生年金保険料23,790円＋雇用保険料1,009円＝37,630円」の社会保険料等を差し引いた「288,590円」となります。扶養親族等の数は0人なので、税額表からAさんの当月の所得税は「7,920円」となります。

　また、住民税額は前年の年収によって各市区町村から個人ごとに決定された通知書が送られてきますので、その額を控除します。会社で税額を決定できるものではありません。

　Aさんの場合、前の勤務先の年収から毎月の住民税額は1万5,000円となっているので（142ページのシミュレーションを参照）、その金額を総支給額から控除します。

　したがって、控除総額は、「健康保険料12,831円＋厚生年金保険料23,790円＋雇用保険料1,009円＋所得税7,920円＋住民税15,000円＝60,550円」になります。

　こうして計算すると、ここでシミュレーションしてきたAさんの場合は、「総支給額336,220円－控除額60,550円＝275,670円」が振込支給額として算出されます。

◎「給与所得の源泉徴収税額表」（月額表）◎

(167,000円～289,999円)

| その月の社会保険料等控除後の給与等の金額 | | 甲 扶養親族等の数 | | | | | | | | 乙 |
以上	未満	0人	1人	2人	3人	4人	5人	6人	7人	税額
円	円	円	円	円	円	円	円	円	円	円
167,000	169,000	3,620	2,000	390	0	0	0	0	0	11,400
169,000	171,000	3,700	2,070	460	0	0	0	0	0	11,700
171,000	173,000	3,770	2,140	530	0	0	0	0	0	12,000
173,000	175,000	3,840	2,220	600	0	0	0	0	0	12,400
175,000	177,000	3,910	2,290	670	0	0	0	0	0	12,700
177,000	179,000	3,980	2,360	750	0	0	0	0	0	13,200
179,000	181,000	4,050	2,430	820	0	0	0	0	0	13,900
181,000	183,000	4,120	2,500	890	0	0	0	0	0	14,600
183,000	185,000	4,200	2,570	960	0	0	0	0	0	15,300
185,000	187,000	4,270	2,640	1,030	0	0	0	0	0	16,000
187,000	189,000	4,340	2,720	1,100	0	0	0	0	0	16,700
189,000	191,000	4,410	2,790	1,170	0	0	0	0	0	17,500
191,000	193,000	4,480	2,860	1,250	0	0	0	0	0	18,100
193,000	195,000	4,550	2,930	1,320	0	0	0	0	0	18,800
195,000	197,000	4,630	3,000	1,390	0	0	0	0	0	19,500
197,000	199,000	4,700	3,070	1,460	0	0	0	0	0	20,200
199,000	201,000	4,770	3,140	1,530	0	0	0	0	0	20,900
201,000	203,000	4,840	3,220	1,600	0	0	0	0	0	21,500
203,000	205,000	4,910	3,290	1,670	0	0	0	0	0	22,200
205,000	207,000	4,980	3,360	1,750	130	0	0	0	0	22,700
207,000	209,000	5,050	3,430	1,820	200	0	0	0	0	23,300
209,000	211,000	5,130	3,500	1,890	280	0	0	0	0	23,900
211,000	213,000	5,200	3,570	1,960	350	0	0	0	0	24,400
213,000	215,000	5,270	3,640	2,030	420	0	0	0	0	25,000
215,000	217,000	5,340	3,720	2,100	490	0	0	0	0	25,500
217,000	219,000	5,410	3,790	2,170	560	0	0	0	0	26,100
219,000	221,000	5,480	3,860	2,250	630	0	0	0	0	26,800
221,000	224,000	5,560	3,950	2,340	710	0	0	0	0	27,400
224,000	227,000	5,680	4,060	2,440	830	0	0	0	0	28,400
227,000	230,000	5,780	4,170	2,550	930	0	0	0	0	29,300
230,000	233,000	5,890	4,280	2,650	1,040	0	0	0	0	30,300
233,000	236,000	5,990	4,380	2,770	1,140	0	0	0	0	31,300
236,000	239,000	6,110	4,490	2,870	1,260	0	0	0	0	32,400
239,000	242,000	6,210	4,590	2,980	1,360	0	0	0	0	33,400
242,000	245,000	6,320	4,710	3,080	1,470	0	0	0	0	34,400
245,000	248,000	6,420	4,810	3,200	1,570	0	0	0	0	35,400
248,000	251,000	6,530	4,920	3,300	1,680	0	0	0	0	36,400
251,000	254,000	6,640	5,020	3,410	1,790	170	0	0	0	37,500
254,000	257,000	6,750	5,140	3,510	1,900	290	0	0	0	38,500
257,000	260,000	6,850	5,240	3,620	2,000	390	0	0	0	39,400
260,000	263,000	6,960	5,350	3,730	2,110	500	0	0	0	40,400
263,000	266,000	7,070	5,450	3,840	2,220	600	0	0	0	41,500
266,000	269,000	7,180	5,560	3,940	2,330	710	0	0	0	42,500
269,000	272,000	7,280	5,670	4,050	2,430	820	0	0	0	43,500
272,000	275,000	7,390	5,780	4,160	2,540	930	0	0	0	44,500
275,000	278,000	7,490	5,880	4,270	2,640	1,030	0	0	0	45,500
278,000	281,000	7,610	5,990	4,370	2,760	1,140	0	0	0	46,600
281,000	284,000	7,710	6,100	4,480	2,860	1,250	0	0	0	47,600
284,000	287,000	7,820	6,210	4,580	2,970	1,360	0	0	0	48,600
287,000	290,000	7,920	6,310	4,700	3,070	1,460	0	0	0	49,700

— 2 —

【みなし残業代（固定残業代）を導入すると…】

　前ページまでのシミュレーションでみてきたように、残業が生じた場合、通常は時間外労働にかかる割増賃金をきちんと計算して支給する必要があります。

　一方、「みなし残業代」（固定残業代）というしくみを導入することも可能です。これは、3章でもちょっと触れましたが（68ページ参照）、たとえば45時間分の残業代を毎月、あらかじめ支給しておくとする制度です。

　先ほどのシミュレーションでは、基本給を25万円としていましたが、たとえば基本給を186,000円と設定すると、45時間分の残業代は、「186,000円÷164×1.25×45=63,800円（100円未満切上げ）」となります。

　そうすると、「基本給186,000円＋みなし残業代63,800円＝249,800円」となり、総額として支給したい25万円という給与額に、基本給とみなし残業代で割り振ることができるのです。

　あらかじめ、みなし残業代を織り込んでおけば、45時間を下回る残業を行なった社員については、追加の割増賃金を支給しなくても問題はありません。固定残業代を導入すれば、面倒な給与計算の負荷を減らすことにもつながります。

　ただし、70ページで説明したように、固定残業代は必ず「労働条件通知書兼雇用契約書」で明確に基本給とは書き分けるといった運用上の留意点があることには注意しましょう。

　また、固定残業代のみなし時間の設定については、労働基準法上の労働時間の上限規制の原則である45時間程度とすることが実務上の限度と考えられます。したがって、みなし残業時間を60時間などと設定することは避けたほうが無難です。

ＳＴＥＰ２…給与振込み手続き

　ＳＴＥＰ１で多くのページ数を使いましたが、いよいよＳＴＥＰ２に入ります。

　ＳＴＥＰ１で振込支給額が決定したら、その金額を従業員の銀行口座に振り込みます。

　振込手数料については当然、会社で負担します。

　「給与支払い５原則」の⑤一定期日払いの原則が守られるように、会社で定めた支給日当日に必ず振り込めるよう手配しましょう。

ＳＴＥＰ３…給与明細の発行

　給与計算を行なった後には、「給与明細」の発行も義務づけられています。特に、紙の給与明細書でなくても問題はないため、給与計算ソフト上で発行できるデータによる給与明細の発行でもＯＫです。

ＳＴＥＰ４…社会保険料・税金等の納付

　ＳＴＥＰ１で、社会保険料や所得税、住民税を賃金から控除しましたが、この控除分は会社がまとめてそれぞれ納付することが必要です。

　社会保険料は、年金事務所等から翌月の20日頃に「保険料納入告知書」が送付されてきますので、その月の末日までに納付します。つまり、たとえば４月分の保険料については、５月20日ごろに保険料納入告知書が送られてきて、５月末日が納付期限ということになります。

　金融機関の指定預金口座より、月々の社会保険料を自動振替することもできますので、毎月の納付が面倒な場合には口座振替の利用を検討しましょう。

　また、源泉徴収した所得税については、控除した月の翌月10日ま

でに事業所の住所を管轄する税務署へ、特別徴収した住民税については、やはり控除した月の翌月10日までに従業員の居住する市区町村へ納付します。

　なお、これらの税金については、給与を支払う従業員が常時10人未満である場合には、「納期の特例」というものを申請することができます。

　この特例を利用することにより、毎月納付するのではなく、半年分まとめて納付することができます。

【所得税の納期の特例】

　事業所管轄の税務署へ「源泉所得税の納期の特例の承認に関する申請書」（101ページ参照）を提出すれば特例を受けることができます。納付期限は次のとおりです。
- 1〜6月までに源泉徴収した分 … 7月10日
- 7〜12月までに源泉徴収した分 … 翌年1月20日

【住民税の納期の特例】

　各自治体へ申請をします。申請方法については、各市区町村のウェブサイト等から確認しましょう。納付期限は次のとおりです。
- 6〜11月までに特別徴収した分 … 12月10日
- 12月〜翌年5月までに特別徴収した分 … 翌年6月20日

随時行なうこと

 ## 社会保険の随時改定（月額変更届）

　この項では、毎月の業務ではありませんが、随時必要となる手続きや年に１回必要となる手続きを解説していきます。

　まずは、社会保険の「随時改定」です。

　従業員の賃金がアップしたり、逆に賃金が下がった場合等で、賃金額が大きく変更する場合は、社会保険料のベースとなる標準報酬月額を改定する「随時改定」が必要となります。随時改定は、一般に「月額変更届」（通称、月変（ゲッペン））とも呼ばれます。

　標準報酬月額は、入社時の被保険者資格の取得手続きにおいてまず決定されます。

　ただしその後、年の途中で賃金額が変更した場合、特に賃金が下がった場合などは、従来の標準報酬月額に応じた社会保険料額だと負担が重すぎるケースも出てきます。そのため、このような随時改定という制度が用意されています。

　随時改定は、以下の①～③にすべて当てはまれば、手続きが必要となります。

①昇給・降給等により固定的賃金に変動があった場合
②変動があった月以降、継続した３か月間に支給された報酬（残業手当等の非固定的賃金を含む）の平均月額に該当する標準報酬月額と、これまでの標準報酬月額との間に２等級以上の差が生じた場合
③３か月とも支払基礎日数が17日以上である場合

　これだとややわかりにくいと思われるため、具体的な例をあげて

説明しましょう。

```
------------- 【設例…正社員Ｂさんの場合】 -------------
●10月分給与（11/25支給）…基本給25万円、通勤手当１万円、
　時間外手当２万円
　＜標準報酬月額＞260,000円
●11月分給与（12/25支給）…基本給28万円、通勤手当１万円、
　時間外手当３万円
●12月分給与（1/25支給）…基本給28万円、通勤手当１万円、
　時間外手当４万円
●１月分給与（2/25支給）…基本給28万円、通勤手当１万円、
　時間外手当２万円
```

これは、昇給により11月分給与から基本給が３万円上がったＢさんのケースです。

まず、前ページの随時改定が必要になる要件①の「固定的賃金」がどういうものかというと、「毎月、支給額や支給率が決まっているもの」をいいます。

つまり、Ｂさんの例でいえば、基本給や通勤手当はまさに毎月支給額が固定されているものなので、固定的賃金に該当します。そのため、11月の３万円の昇給は、①の固定的賃金に変動があったという要件に該当することになります。

なお、この例では割愛していますが、固定残業代制度を導入している場合は、固定残業代も固定的賃金に該当するため、固定残業代を含めた固定的賃金に変動がある場合は、随時改定の対象となります。

次に、要件の②ですが、変動があった月である11月から１月まで継続した３か月間に支給された報酬（時間外手当など非固定的な賃金も含む）の合計額は、時間外手当を含めると、11月：32万円、12

月：33万円、1月：31万円なので、平均すると32万円（（32万円＋33万円＋31万円）÷3）となります。この32万円は、標準報酬月額320,000円に該当します（146ページの保険料額表の左のほうの欄で確認してください）。

　従前の標準報酬月額は260,000円でしたから、保険料額表を見ると、3等級上がっていることがわかります。

　したがって、3か月間の報酬を平均して算出した標準報酬月額と従前の標準報酬月額の間に2等級以上の差が生じていることになり、要件②にも当てはまることになります。

　残る要件は③ですが、ここで「**支払基礎日数**」とは、通常、欠勤に応じて給与が控除される「日給月給制」を活用している企業などの場合、所定労働日から欠勤日数を差し引いた日数が「支払基礎日数」になります。

　Bさんが欠勤等をせずに、17日以上の支払基礎日数があるのであれば、要件③も満たしていることになります。

　つまり、この例でいえば、要件①〜③のすべてを満たしているため、随時改定の対象となり、2月分の社会保険料からは新しい標準報酬月額320,000円に該当する社会保険料額に変更することが必要となります。

　通常、社会保険料は、給与支給の翌月に徴収する企業が多いので、2月分の社会保険料は3月25日に支給する給与から控除することになるため、3月25日の給与支給の際に社会保険料が変更されているかどうか、給与計算を行なうときにチェックしなければなりません。

　なお、随時改定が必要となった場合は、「健康保険・厚生年金保険 被保険者報酬月額変更届」を、日本年金機構の都道府県ごとの事務センターまたは管轄の年金事務所に、速やかに提出する必要があります。これを提出しないと、会社に通知がくる社会保険料額は

訂正されないので、必ず提出するようにしましょう。

 年に１回必要になる算定基礎届と年度更新

　労務では、年に１回必要となる手続きがあります。それが、社会保険の「定時決定」（算定基礎届）と、労働保険の「年度更新」という手続きです。

【定時決定（算定基礎届）とは】

　社会保険では、随時改定のしくみに加え、１年に一度、各被保険者の標準報酬月額を実際の報酬月額（給与）と見合ったものにするために、会社の届出にもとづいて国が標準報酬月額を改定するというしくみがあります。

　これを「定時決定」といい、通称「算定（基礎届）」と呼ばれています。

　定時決定では、毎年７月１日時点のすべての被保険者について、毎年４月、５月、６月（いずれも支払基礎日数17日以上）の３か月の報酬月額の平均をとり、新しい標準報酬月額が決定されます。

　この定時決定で決まった標準報酬月額は、その年の９月より改定され（10月分の給与から控除額を変更）、随時改定がない場合は、翌年の８月まで１年間適用されます

　この場合、会社は、７月１日現在のすべての被保険者の「被保険者報酬月額算定基礎届」を７月10日までに、日本年金機構の都道府県ごとの事務センターまたは管轄の年金事務所に提出する必要があります。

　ちなみに、この算定のための届出用紙は、６月上旬から下旬までの間に順次、事業所に郵送されてきます。

【労働保険の年度更新とは】

　従業員の給与から控除した所得税・住民税や社会保険料は、翌月末日までに納付することになりますが、労働保険料（雇用保険料・

労災保険料）は、１年に１回納付することになっています。

　労働保険の保険料は、毎年４月１日から翌年３月31日までの１年間に、従業員に支払った賃金総額に、保険料率を乗じて算出します。

　また労働保険料は、社会保険料とは異なり、毎年まず概算で算出した保険料を前払いで納付し、翌年３月末に、従業員に支払った賃金総額が正式に確定した段階で、正しい金額の労働保険料を算出し、そこからすでに概算で支払った労働保険料を差し引いて精算するという方法がとられています。

　労働保険の「年度更新」とは、この、「前年度の保険料を精算するための確定保険料の申告・納付と新年度の概算保険料を納付するための申告・納付の手続き」のことをいいます。

　年度更新の手続きの際は、会社は「労働保険概算・確定保険料／石綿健康被害救済法一般拠出金申告書」を作成し、その申告書に保険料等を添えて、金融機関や労働基準監督署に、７月10日までに提出する必要があります。

従業員の退職の際に行なうこと

 退職願（退職届）をもらおう

　せっかく採用した従業員が退職するのは残念ではありますが、従業員の退職は会社経営上、珍しいことではありません。

　この項では、従業員が退職する際に必要となる手続きについて解説します。

　従業員数が少ない企業だと、従業員から退職の意思を伝えられた場合、口頭のやり取りだけですませる、ということがあるかもしれません。しかし退職の場合、できる限り「退職願」（退職届）を文書で受領しておくことをお勧めします。

　文書で明確にしておくことで、退職にまつわるトラブルを防止することができますし、従業員が「自己都合」で退職したのだということを客観的に証明する書類にもなります。

　後述しますが、従業員の退職の際には、社会保険の被保険者資格喪失届と雇用保険の離職票を発行する必要があります。

　この離職票については、「離職理由」を記入する欄があり、この離職理由をもとに、会社都合で退職したのか、自己都合で退職したのかが判断されます。

　会社都合退職とみなされると、厚生労働関連の助成金の受給に影響が出るケースもあり、自己都合か会社都合かということで従業員ともめるケースがあります。

　こうした場合にも、「一身上による都合」ということを記載した退職願（退職届）があれば、従業員が自己都合で退職したのだということを証明する書類となります。

年　　月　　日

退 職 願

株式会社 _____

代表取締役 _____ 殿

所属 _____
氏名 _____ ㊞

下記事由をもって退職いたしたくご承認くださいますようお願い申し
上げます。

記

1．退職希望日
　　　　年　　月　　日

2．退職事由

一身上の都合による

以上

◎「退職届」の作成例◎

年　月　日

退 職 届

株式会社 _____

代表取締役 _____ 殿

所属 _____

氏名 _____ ㊞

この度下記の事由により○年○月○日に退職いたします。

記

退職事由

一身上の都合による

以上

160

コラム

「退職願」と「退職届」の違い

　退職願と退職届はほぼ同じものだろう、と考えている従業員も多いようですが、実は、次のような違いがあります。

● 退職願…退職（労働契約の解除）を会社に願い出るための書類のこと。
● 退職届…退職することが確定したのち、退職を会社に対して届け出るための書類のこと。

　民法第627条では、労働者は一方的な意思表示によって会社に対し、労働契約の解約の申入れができるとされており、意思表示から2週間経過すると、労働契約を解除することができます。

　退職「届」は、まさにその一方的な意思表示を示す書類です。

　一方、退職「願」は、あくまでも退職を「願う」ことを伝える書類なので、会社とは協議する余地を残している書類ということがいえます。

　159、160ページに「退職願」と「退職届」の作成例をあげておきましたが、なぜこの2つの例を取り上げたかというと、この2つには上記コラムのような違いがあるからです。

　会社の立場からすると、基本的にいきなり「退職届」を提出されるよりは、まず「退職願」を提出してもらい、その後、正式に退職が決まってから「退職届」をもらうといった処理のほうが、業務引継ぎ等の観点からもよいと考えます。

 ## 社会保険・雇用保険の資格喪失の手続きをしよう

　5-2項で、社会保険と労働保険の加入手続きについて説明しましたが、従業員の退職に伴い、これら社会保険と労働保険の被保険者資格の喪失手続きが必要となります。

【社会保険の手続き】

　従業員が退職する際には、社会保険の被保険者ではなくなるので、下表の書類を提出することになります。

◎社会保険の資格喪失のために必要な書類◎

書類名	添付書類	提出先	提出期限
健康保険・厚生年金保険 被保険者資格喪失届	協会けんぽ（全国健康保険協会）の場合は、本人より回収した健康保険被保険者証（本人分・被扶養者分）	＜郵送の場合＞事務センター（事業所の所在地を管轄する年金事務所）	退職日の翌日から5日以内

【雇用保険の手続き】

　従業員が退職すると、社会保険と同様に雇用保険の被保険者でもなくなるので、下表の書類も提出します。

　なお、「雇用保険被保険者離職証明書」とは、退職後の失業手当の受給に必要となるもので、3枚複写式となっており、1枚目は事業主控え、2枚目はハローワーク提出用、3枚目が退職者に渡す、いわゆる「離職票（-2）」のことです。

◎雇用保険の資格喪失のために必要な書類◎

書類名	添付書類	提出先	提出期限
雇用保険被保険者資格喪失届	——	公共職業安定所（ハローワーク）	退職日から10日以内
雇用保険被保険者離職証明書	——	（同上）	（同上）

税務関連の手続きをしよう

　従業員の退職にあたっては、税務関連でも必要な手続きがいくつかあります。

【源泉徴収票の発行】

　会社には、退職者に「源泉徴収票」を発行する義務があります。

　源泉徴収票とは、1年間の収入がどれくらいあったかなどについて証明する書類で、通常は12月の年末調整後に従業員に交付します。

　しかし、12月を待たずに年の途中で退職する人には、退職した時点で源泉徴収票を発行することが必要です。退職者への源泉徴収票の発行期限は、原則として退職日から1か月以内となっています。

【住民税の手続き】

　住民税を従業員の給与から天引きしていた場合（特別徴収）には、退職に伴い徴収方法の変更手続きが必要となります。

　変更手続きは、退職者の希望に応じて次の2つに分かれます。

①従業員が転職先で特別徴収の継続を希望する場合

　退職者の次の転職先が決まっていて、その転職先で特別徴収の継続を希望する場合は、「給与支払報告に係る給与所得異動届」という書類の上段を記載し、下段部分は転職先で記入してもらい、転職先を通じてその従業員の居住する自治体に送付する必要があります。

　こうすることにより、転職先でも特別徴収を継続することができます。

②従業員が転職先で特別徴収の継続を希望しない場合

　退職者が転職先で特別徴収の継続を希望しない場合は、退職日を含む月の翌月10日までに、その退職者の住所がある市区町村に「給与支払報告に係る給与所得異動届」を提出します。

退職後、転職先が決まっていない場合も同様です。

なお、下表のように、退職日によって住民税の徴収方法が変わりますので注意が必要です。

退職時期	住民税の徴収方法
1月〜4月	最後の給与か退職金から一括徴収する
5月	住民税の残額が5月分のみとなるため、通常どおり最終給与から1か月分の住民税を徴収する
6月〜12月	最後の給与や退職金からの一括徴収か、特別徴収から普通徴収への切替えのいずれかを選択してもらう（一括徴収の場合は翌月10日までに納付）

6章

知っておくと役に立つ応用編
攻めの財務・労務戦略とは

執筆◎加藤広晃・寺島有紀

「攻め」の経営戦略を考えよう

　1章から5章までは、起業間もない企業が知っておきたい重要ポイントや、初めての決算、初めての雇用などの基本的な知識をメインに解説してきました。

　これらの基本的な部分については、主に法律上の要請にもとづいて義務的に実施する部分、攻守でいえば「守り」の部分が多かったと思います。

　もちろん、会社経営にあたり、こうした守りの部分は何よりも重要です。

　しかし、財務も労務も、より会社を発展させるという経営戦略の観点からとらえることも重要です。攻守でいえば「攻め」の部分です。

　そこで本章では、起業後の経営に活かしていただくために、財務・経理と労務における積極的な攻めの手法を紹介したいと思います。

　まず、経営戦略としての財務管理について解説しますが、財務管理とは2-1項でも説明したように、企業の経営資源を「カネ」を通じてとらえるものです。

　人体における「血液」のように、自分の会社にカネがどのように流れているかを、数字で的確に把握することが大切です。

　企業の価値は、第三者の評価という意味からは、上場すれば毎日、株価を通じて変化し、未上場においても外部の資本を入れるタイミングで観測されます。

　中長期で企業価値を高めるのは、資本主義のもとでは経営者の責務ですが、日々振り回されないよう、自分なりの哲学を持つ経営者

もいます。

　ここでは、応用の財務管理領域として、次項から「コーポレート
ファイナンス」や「予算管理」について触れていきます。

コーポレートファイナンスと資本政策

 コーポレートファイナンスとは

　コーポレートファイナンスは、さまざまな場面で使われる言葉ですが、簡単にいえば、「企業価値を高めるために、資金を調達し、調達したお金を事業に投資し、資金の出し手に資金を返済して利益還元を行なう活動」のことです。

　コーポレートファイナンスのなかでも、創業間もない経営者に知っておいてほしい代表的な事項としては、まず「**資本政策**」があります。

　実は、資本政策には明確な定義はありません。

　たとえば、「既存」株主との関係値（ＳＲ：shareholder relation）では、各株主の持分比率や、新株予約権やストックオプションを通じて考える、上場時に市場に提供しなければならない流通量・流動性の施策としてとらえられます。

　一方で、「将来」株主との関係値（ＩＲ：investor relation）では、調達した、あるいは調達しようとする資金をどのように増やして、企業価値を高めて株主に返していくか、というものがあります。

　特に、会社設立間もないタイミングで50％以上の外部資本を受け入れたことによって、創業者の経営者持分が減少し、会社の経営権は分散します。そして、そのことにより、将来の株主から見た時価や株式ボリュームのハードルが高まり、次の資金調達の難易度が高まって、首が回らなくなった若い経営者の声などを聞くと、資本政策の大切さを改めて考えさせられます。

　極端にいえば、上場準備を開始するまでのフェーズでは一時的に、税務は顧問税理士に任せ、ＩＰＯのための財務報告体制の整備は公

認会計士に任せることはできても、資本政策を誰かに任せることは、自分の会社経営を誰かに任せるという、船長がいない船のような状態になります。

　そのため、「いま自分が、どれだけ会社の持分を持っていて、資金を調達するために何を犠牲にしているか」「どういう交渉に対峙しているのか」という資本政策部分のコーポレートファイナンスを学んでおくのが賢明と思います。

　税務や会計と異なり、資本政策には「正解」がありません。人間の生きざまのように会社にもさまざまな生きざまがあるのです。

　次に、コーポレートファイナンスに関して、具体的に理解を深めておくとよいと考えているのが、企業価値（株式価値）の算定と、会社法です。

 企業価値の算定

　企業価値の算定、つまり会社の値段は極論すると、相対で決まる「言い値」で理解するのが速いと考えています。

　これから説明する理論などは、「言い値」を論理的に説明するもので、企業価値の算定に唯一の正解はないと考えています。

　たとえば、あなたが資本金25万円、株式数25万株で設立した会社は、設立時の企業価値は25万円（1株1円）です。そして、設立翌日に1万株を新規に発行し、10万円（1株10円）を振り込んでくれる外部株主が現われたら、簿価では35万円の企業価値ですが、時価では約250万円になります。

【簿価とは】
　帳簿価格の略称で、帳簿に記された金額のこと。実際に現金が動いた金額をイメージするとわかりやすいかもしれません。

【時価とは】

　一時点の価格で、帳簿とは直接関係のない金額のこと。上場企業の株価や日々刻々と価値が変わるものをイメージするとわかりやすいかもしれません。

　なぜ、新しい株主は設立の翌日であるにもかかわらず、250万円の企業価値で10万円を1万株で引き受けるのか、これが企業価値算定の醍醐味だと思います。会社の永続的な支配権の一部にいくら投じるのか、という話です。

◎資本政策表（イメージ）◎

日付	202X/XX/X1		202X/XX/X2	
内容	設立時		最初の資金調達	
株主	保有株数	持株比率	保有株数	持株比率
創業者A	250,000	100%	250,000	96%
投資家B	──	──	10,000	4%
合計	250,000	100%	260,000	100%
株価		1円		10円
Pre時価総額（企業価値）		──		2,500,000円
純資産増加額		250,000円		100,000円
Post時価総額（企業価値）		250,000円		2,600,000円
累積調達額		250,000円		350,000円

　企業価値の算定を理論的に説明するフレームワークは、現状、大きく3つに分かれており、①ネットアセットアプローチ、②マーケットアプローチ、③インカムアプローチ、というものがあります。

　これらを一言で説明すれば、①貸借対照表にほぼ近い価値、②同

業他社の企業価値に準じた価値、③将来の自社収益から算出した価値、です。

　日本のＩＰＯの値付けの多くは、②で利益ベースのＰＥＲ（Price Earnings Ratio：「株価収益率」の略。ごく稀にビジネスモデルによっては売上ベースのＰＳＲ（Price to Sales Ratio：「株価売上高倍率」の略））、続いて③といわれることもありますが、これは資本市場のプロとしての主幹事証券会社が決定権の大部分を握ります。

　上記②の同業他社との比較でいえば、同業他社はどのような株価なのか、市場におけるそれぞれのマーケットシェアはどの程度あり、競争優位はどこにあるのか、といった点がポイントになります。

　上場会社の調査であれば、EDINETや東証ホームページの「上場会社情報」、Yahooファイナンスやバフェットコードなどの無料ツールから、speedaのようなプロ向けの有償ツールまでさまざまにあるので、一度、気になる会社の株価と売上や利益の倍率を見ておくとよいでしょう。

　企業価値算定の機会となる株式の売買タイミングでは、株式を買いたい側と、売りたい側（新規発行の場合は会社）の需給バランスも含めて決まると考えれば、「言い値」で、それを理論的に説明したものが企業価値評価フレームワークではないかと考えています。

　したがって、経営者はフレームワークを細かく理解する必要はなく、自分の会社の価値は「言い値」であり、出資してもらって会社が使えるお金を得る代わりに、何を犠牲（自分の持分等）にし、企業価値を高めるために何を約束（事業計画や調達した資金の使途）するのか、を理解し、株主と対話することが大切ではないかと考えています。

 会社法のポイント

　会社法についても、経営者が細かく理解する必要はなく、顧問弁護士に任せたり、相談に乗ってもらったりしてもらえば足りること

が多いと思いますが、コーポレートファイナンスにおいて特に大切だと感じているものをあげておきましょう。

　会社法は、株式会社のルールを定めており、株主というボス（依頼人）と経営者というエージェント（代理人）の役割を定めています。

　たとえば、一般的な**普通株式**を想定すると、全株式の3分の2超（約67％）を持つ株主は、役員をいつでも解任でき、全株式の過半数（50％超）を持てば、役員任期の満了に伴う再任の際には、誰でも選べる状態になり、雇用により立場が守られている従業員とは性質を異にします。

◎議決権保有割合と株主権利の一部（会社法）◎

株式保有比率	株主の権限
90％以上	特別支配株主の株式等売渡請求権 略式合併等における株主総会決議省略
約67％（2/3）以上	株主総会の特別決議承認
50％超	株主総会の普通決議承認
約34％（1/3）超	株主総会の特別決議阻止
約17％（1/6）超	簡易合併等の反対権
10％以上	会社解散の請求権
3％以上	株主総会の招集請求権 業務執行に関する検査役の選任請求権 会計帳簿閲覧請求権 役員の解任請求権
1％以上	株主総会の検査役選任請求権 多重代表訴訟提起権
1％以上 または300単元以上	株主提案権（取締役会設置会社）

　全株式の３分の２を持てばたいていのことは何でもできる、とい
う意味で、それを拒否する３分の１超（約34％）を持っておけば、
ある程度影響力が残るともいえます。

　ちなみに、株式の保有比率に応じた株主の権限についてまとめて
おくと、前ページ表のとおりです。

 ## 種類株式を理解できているか

　以上は、一般的な「普通株式」という前提にもとづく話ですが、
アメリカでは「種類株式」と呼ばれる、普通株式に優先したり、劣
後したり、カスタマイズできる株式が普及しており、日本でも2006
年の会社法施行後、近年用いられています。

　種類株式は経営者にとって、きちんと理解すれば普通株式以上に
メリットを享受できる一方、きちんと理解できなければ普通株式以
上に身を削ることになる「諸刃の剣」だと考えています。

　資本主義において、会社は株主が所有するものであり、経営者は
株主に選ばれて初めて経営できる前提がありますが、種類株式はそ
の株主と経営者の対話を普通株式に比べ柔軟に設計できる一方、そ
れを理解して使いこなせる経営者は少ないと感じているためです。

　むしろ、種類株式を理解して、そのメリットを享受しているのは
株主に多いと感じています。

　経営者やＣＦＯから「こんな種類株式を条件とした投資契約が来
たのだけれど、どう思いますか？」と質問されることがありますが、
依頼人と代理人の関係値を決める投資契約に唯一の正解はないなか
で、優先株式のデメリットが大きい場合には、「この条項は少し不
条理だと思うので、普通株式にはできませんか」と返してみてはど
うですか？　と伝えたことがあります。

　株主側にも弁護士がいて、経営者側にも弁護士がいて、交渉の過
程で双方が弁護士に相談しながら、優先株式の内容をあれだこれだ
と議論するわけですが、一般的に経営者は、投資を本業とする株主

より優先株式に関する知識が乏しいことが多いので、種類株式は普通株式より総じて不利になることが多いのではないかと思うことがあります。

　とはいえ、株主もリスクがあるなかで資金を出しており、譲れない条件もあると思いますので、経営者が企業価値を高めていくうえで、細かな法律や会計を理解する必要はなくても、各局面で資本政策の洞察を深め、タフな交渉を通じて、会社経営へのコミットメントを高める機会になれば健全ではないかと考えます。

　もし経営者の皆さんが、種類株式を用いた投資契約で困ったら、顧問弁護士や顧問公認会計士に相談してみてください。

　弁護士は、交渉点を「言葉」で表現する部分において、契約条項の調整や会社法に違反しない限りのなかで、柔軟な交渉案を考えてくれるかもしれません。

　公認会計士は、日本の会社法で優先株式や新株予約権と資本に近い整理をされている金額が、IFRSや日本の会計基準においては負債に該当する可能性がある（たとえば、株主がいつでも出資したお金を出資額で買取請求できるものは「預け金」のような負債に該当する可能性がある）など、「数字」でどう表現するか、助けてくれるかもしれません。

　このような専門家は通常、資本力がある「株主」側のほうにプロ中のプロが就いていることが多いですが、創業者側に就く専門家も増えてきています。

予算管理は最難関の課題!?

 予算管理の重要性

　財務管理の応用編としてコーポレートファイナンスに並んで重要なのが「予算管理」です。

　日本でIPOをめざす経営者にとって、先述のとおり、予算管理は最難関の課題だと思います。労務管理やコンプライアンスも代表的な課題であることに変わりはありませんが、自社で違法状態を防ぐべくコントロールが可能といえば可能です。

　しかし、予算達成は売上を中心に自社だけでコントロールできるものではなく、顧客や外部環境によっても変わります。

　また、外部株主がいる場合には、株主への説明責任としても企業価値（バリュエーション）の前提となる事業計画達成のプレッシャーもあります。

　予算で用いる業績が落ちると、マーケットアプローチで用いる業績指標や、インカムアプローチで用いる収益と連動し、時価総額が低下するプレッシャー、予算精度というより予算達成そのもののプレッシャーが高まり、予算を下げると達成可能性は高まりますが、バリュエーションプレッシャーとの「綱渡り」や「板ばさみ」の状況に追い込まれる可能性もあります。

　そもそも、NASDAQや海外主要取引所においては、業績予想がIR（168ページ参照）や任意開示の枠組みでとらえられることを鑑みると、日本の取引所において、業績予想修正開示（売上10%、利益30%）が一律に適用されることは、個人投資家にとってはわかりやすいとも考えられます。

　日本の取引所のしくみは、経営側にとって説明責任が細かく感じ

175

られるかもしれませんが、アメリカに比べて小さい時価総額でもＩ
ＰＯができるマーケットとして、個人投資家に画一的に情報を伝達
するメリットもある興味深い制度だと思います。

　他国に比べて小さい時価総額でＩＰＯできるのは、上場がゴール
になりやすいというデメリットもある一方で、パブリックに資金調
達し、透明性の高い経営を通じて社会を変えていく公器として、よ
り多くの経営者にとってチャンスもあると思います。

フェーズごとの予算管理の期待水準

　最終的にＩＰＯをめざすうえで、予算管理の精度は前述の業績予
想修正基準（売上10％、利益30％）について、月次単位でブレがな
い程度の水準が期待されますが、以下、具体的なフェーズごとに解
説しましょう。

　上場するタイミングの決算期、たとえば３月決算の会社であれば、
202Ｘ年３月期に上場する場合、202Ｘ年３月期を「Ｎ期」と呼ぶと
すると、よくあるパターンでは、Ｎ期の６か月の進捗、つまり４月
から９月までの業績をもって上場を申請し、２〜３か月の取引所審
査を経て９か月目である12月に上場します。

　つまり取引所では、最短で２〜３か月の業績の進捗しか審査しな
いため、過去にどのように予算を修正してきたか、本当に通期で業
績が達成するのか、などさまざまな視点から文書や口頭による質疑
応答が行なわれます。

◎フェーズごとの予算精度のイメージ◎

フェーズ	期待される予算精度
N期 （上場申請期）	上場してもおかしくないレベル。 上場直後に業績予想の修正（売上10％、利益30％）を出さないような、毎月の予算が売上10％、利益30％とズレないようなレベル
N-1期 （直前期）	N期を決定づける主幹事証券会社の上場審査に臨むことができるレベル。 下半期6か月では毎月の予算がN期相当のレベル
N-2期 （直前々期）	N-1期を決定づける主幹事証券会社が受嘱する（委嘱を受ける）レベル
N-3期	N-2期を決定づける監査法人（N-2期以降の監査契約にGOサインを出す存在）が受嘱するレベル

　フェーズごとの予算精度のイメージは上表のとおりです。

　もし、起業後間もない日から4年後に上場したいと考えたら、1年以内に監査法人を選び、ショートレビューを受け、監査契約を受嘱してもらい、2年以内に主幹事証券会社を選び、3年後にはN-1期として予算精度を高め、N期に取引所に上場を申請するというようなイメージです。

　上場後は毎年、監査法人や取引所、監査役や内部監査機能など、資本市場の説明責任を果たすための費用として最低でも年間5,000万円程度はかかります。そのため、安定的に収益を生み出すビジネスモデルをそれまでに構築するか、ないしは赤字で上場するとしても、その赤字は「研究開発や広告宣伝のための先行投資」であると確実に説明できるほどの実績を出すことも大事です。

何社ぐらいがIPOを実現しているのか

　1990年以降、不景気の年で約20社から好景気の年で約200社まで、平均で年間に約100社程度はIPOしていますが、取引所に上場申

請しても、その20％程度は最終的に上場にたどり着いていません。

その前段階として、主幹事証券会社の審査でも、ＩＰＯが延期や非承認となるケースもあります。

さらにその前段階として、Ｎ-1期を決定づける主幹事証券会社も日本全体で10社強に限られ、もっとさらにその前段階として、Ｎ-2期を決定づける監査法人も20法人程度と、社会全体でもＩＰＯまで進めるうえでリソースは限られています。

Ｎ-3期から監査法人のショートレビューに支払う費用、Ｎ-2期から監査法人に毎年支払う費用、監査役や社内体制整備にかかる費用、Ｎ-1期から監査法人や主幹事証券会社のコンサルタントへ支払う費用、複数監査役や内部監査、ＩＰＯコンサルタントへ支払う費用、Ｎ期には取引所や印刷会社、株主名簿代理人に支払う費用など、予算精度を高めつつも、ＩＰＯにかかるコストもフェーズが進むにつれて増えていきます。

そのため、いざ上場に向けて進めたものの、途中で頓挫した際に「ＩＰＯなんてめざさなければよかった」という声を聞くこともあります。

"ＩＰＯに振り回されない"ためにも、なぜＩＰＯをめざすのか、外部株主を入れた場合には、どのように企業価値を高めて還元するのか（ＩＰＯ以外に別会社への売却や資本注入等）、管理体制にかけるコストとＩＰＯの確度を高めるバランス（管理コストを絞りすぎてＩＰＯ確度が低下、管理コストをかけすぎて業績や企業存続可能性の低下等）などを相談できる、ＩＰＯに詳しい公認会計士や弁護士、ＩＰＯコンサルタントなどの力を借りつつ、企業価値の向上を果たされることを祈っています。

経営戦略としての労務管理のしかた

積極的な労務管理を心がけよう

　3－1項でも説明したように、労務管理は、企業の経営資源であるヒト・モノ・カネの3要素のうち、「ヒト」つまり従業員（労働者）を管理する業務のことをいいます。

　よりよい労働環境を提供することで、従業員の生産性やモチベーションが向上すれば、より企業の価値を高めていくことができます。

　企業価値が高まれば、またよりよい人材を惹きつけ、さらに業績アップにつながり、企業価値がより高まる、というよいサイクルに経営を乗せることができます。

　本項からは、より企業の価値を高めるために有効と考える積極的な労務管理手法を紹介したいと思います。

働き方の多様化

　創業間もない経営者に、ぜひ知っておいていただきたい積極的な労務施策とは、「働き方の多様化」についてです。

　経営者であれば、自律的に働き、成果を出せる優秀な人材に応募してもらいたいと考えていることと思います。

　こうした自律的に働ける優秀な人材については、業務プロセスを管理するよりも、成果で評価してほしいという希望を持つ人も多く、「9時～18時までは必ずオフィスにいる」といった固定的な働き方がマッチしないケースが多くあります。

　そのため、自律的な働き方を志向する人材ほど、柔軟な働き方ができる企業を選択する傾向にあります。

　柔軟な働き方を認めることで、こうした自律的な人材を惹きつけることもできます。

◎「働き方の多様化」マップ◎

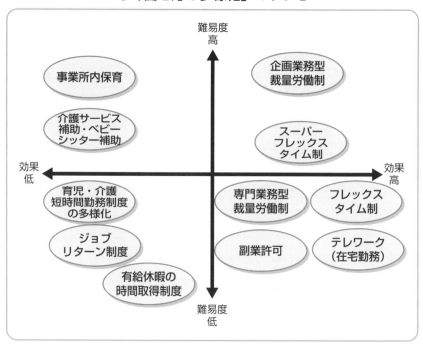

　上図は、筆者（寺島）の会社が独自に策定したものですが、働き方の多様化に対応した取組みを行なうにあたって、難易度をタテ軸、効果をヨコ軸としてマッピングしたものです。

　難易度については、導入する際に規程等の制度や従業員からの同意が必要であったりするもの、また金銭的なコストが高いものについては「高い」としています。

　また効果については、育児・介護等の対象者が限定されるものは相対的に「低い」としています。

　次項以降では、効果が高く、導入の難易度が高くないもので、かつ起業間もない企業からも関心の高い「フレックスタイム制」「専門業務型裁量労働制」「テレワーク（在宅勤務）」「副業」をピックアップして解説していきます。

フレックスタイム制の活用

 フレックスタイム制の基本

　フレックスタイム制とは、「1日の労働時間の長さを固定的に定めず、一定の期間の総労働時間を定めておき、労働者がその総労働時間の範囲で、各労働日の労働時間を自分で決めることができる労働時間制度」のことです。

　もっとわかりやすくいえば、従業員自らが、「今日は忙しくないから4時間で帰ろう」とか「明日は10時間働こう」というように、毎日の労働時間を柔軟に自分で運用できる制度です。

　このように、柔軟に日々の労働時間を決定して働いた結果、1か月の労働時間を集計して、あらかじめ決めた一定期間（1か月が多い）における総労働時間（たとえば、160時間）を上回っていればその分の割増賃金が発生し、下回っていればその分の賃金が控除される、というのがおおよそのしくみです。

　また、フレックスタイム制を導入する際には、多くの企業で、「コアタイム」というものを設けています。

　コアタイムとは、「必ず出勤していなければならない時間帯」のことです。一方で、従業員自身が「自由に働く時間を決められる時間帯」のことを「フレキシブルタイム」といいます。

　フレックスタイム制は労働者が自由に始業・終業の時刻を決定できる制度なので、「明日は9時には出社していてください」「明日は絶対に17時まではいてください」というような指示は、基本的にはできません。

　そのため、コアタイムを設けることで、企業からすれば「従業員全員がそろう時間」をつくることができ、その時間帯を利用して必

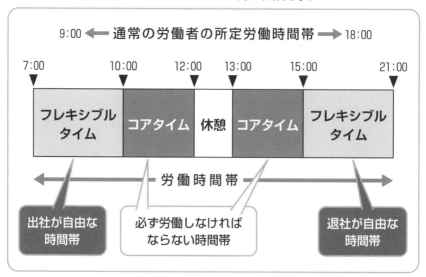

◎フレックスタイム制の具体例◎

9:00 ← 通常の労働者の所定労働時間帯 → 18:00

7:00　10:00　12:00　13:00　15:00　21:00

| フレキシブル タイム | コアタイム | 休憩 | コアタイム | フレキシブル タイム |

← 労働時間帯 →

出社が自由な時間帯　必ず労働しなければならない時間帯　退社が自由な時間帯

要なミーティングを行なったりするという運用にしているところが多くなっています。

フレックスタイム制の残業代の考え方

　フレックスタイム制を導入している場合でも、残業代の支払いは必要です。

　通常の労働時間制度であれば、1日8時間、週40時間という法定労働時間を超えた場合に、企業は通常の賃金よりも25％などを加算した割増賃金を支払う必要があります。

　一方、フレックスタイム制では、「清算期間における総労働時間」を超える時間外労働があれば、残業代が支払われるというしくみです。

　つまり、1日8時間、週40時間の法定労働時間の規制枠を超えていても、清算期間内の総労働時間内におさまっていれば、残業代は発生しないというケースもあります。

　しかし、前述したとおり、「清算期間における総労働時間」を超

える時間外労働があれば残業代の支給が必要です。

ここで「総労働時間」とは、企業が独自に定めた所定労働時間のことで、清算期間における総労働時間というのは、たとえば1か月で160時間というように企業で決めるわけです。

この160時間に対して、1か月の実績としてどの程度、実際に労働者が働いたのかを見ることになります。

たとえば、1か月で160時間に満たない労働時間の場合には、賃金控除が行なわれ、逆に上回っている場合には割増賃金が発生するというしくみになります。

また、深夜の割増賃金や休日割増賃金についても、フレックスタイム制であっても、通常の労働時間制度と変わらずに必要となるので、割増賃金を計算する際には留意が必要です。

 フレックスタイム制を導入するにはどうする？

フレックスタイム制を導入するには、就業規則に条文を追加することと、労使協定の締結（労働基準監督署への届出は不要）が必要です。

フレックスタイム制は、従業員にとってはプライベートな時間利用とも両立させやすいため、人気のある制度ですし、柔軟な働き方を実現したい企業にはぴったりの制度です。

ただし、通常の残業代計算の算出方法とは異なったやり方が必要になったりと、起業初期に導入するのはややハードルが高いケースもあります。

一通り労務の流れに慣れてきた段階で導入するほうが、スムーズに運用ができる制度ともいえます。

6-6 ▶ 専門業務型裁量労働制の活用

裁量労働制とは

　「裁量労働制」とは、業務の性質上その遂行方法を大幅に労働者の裁量に委ねる必要があり、「業務の遂行の手段・時間配分の決定」に関して、会社側から具体的に指示をすることが困難な業務に従事する者について、実際に働いた時間に関わらず、一定の時間を労働したものとみなす制度です。

　わかりやすくいえば、裁量労働制が適用される従業員については、10時間働いたとしても、事前に「8時間とみなす」としていれば8時間の労働時間とみなす制度です。また逆もしかりで、3時間しか働かなかったとしても8時間働いたとみなします。

　この裁量労働制には、「**専門業務型裁量労働制**」と「**企画業務型裁量労働制**」の2種類があります。ただし、企画業務型裁量労働制を導入するには、労使委員会を組織し、6か月に1回、労働基準監督署に定期報告が必要であるなど、中小企業には非常にハードルが高いため、本書では説明を省略させていただきます。

専門業務型裁量労働制が導入できる業務は

　専門業務型裁量労働制は、法令で認められた次ページ図の19の対象業務のみ認められるもので、代表的なものでいえば、デザイナーやコピーライター、システムエンジニア等が該当します。

　「裁量」と名の付くとおり、業務を遂行するのに労働者の相応の裁量が必要な業務に対して認められるという共通点があります。

　一般的な労働時間制度では、毎日の始業・終業の時刻が決められており、労働者はその日の業務量がたとえ少なかったとしても、3時間で帰るなどといったことは認められません。

◎専門業務型裁量労働制を適用することができる19業務◎

① 研究開発

② システムエンジニア

③ 取材・編集

④ デザイナー

⑤ プロデューサー・ディレクター

⑥ コピーライター

⑦ システムコンサルタント

⑧ インテリアコーディネーター

⑨ ゲームソフトの創作

⑩ 証券アナリスト

⑪ 金融商品の開発

⑫ 大学での教授研究

⑬ 公認会計士

⑭ 弁護士

⑮ 建築士

⑯ 不動産鑑定士

⑰ 弁理士

⑱ 税理士

⑲ 中小企業診断士

　しかし裁量労働制では、始業・終業の時刻を労働者自身が決定することが可能です。

　上記の19業務を見てもらうと、毎日同じ時間で働くというよりも、日によってメリハリをつけて自身の裁量で業務を遂行するほうが効率的である業務が多い、ということがなんとなくおわかりいただけると思います。

　このように、業務の進め方に労働者自身の裁量が必要な業務につ

◎「専門業務型裁量労働制に関する協定届」の記載例◎

様式第 13 号（第 24 条の 2 の 2 第 4 項関係）

専門業務型裁量労働制に関す

事 業 の 種 類	事 業 の 名 称	
インターネットサービス業	株式会社〇〇〇〇	（〒〇〇〇 東京都千代 （電話番号

業務の種類	業務の内容	該当労働者数	1日の所定労働時間	協定で定める時間	労働者の健康及び福確保するために講ずる（労働者の労働時間の状況の
システムエンジニア・システムコンサルタント	裁量をもって行なう情報処理システムの分析または設計および活用をするための問題点の把握または活用方法に関する考案・改善の業務	〇名	8 時間	8 時間	2 か月に 1 回、管理担当部署について報告を受け、必要に給休暇の取得の促進、特別休なう。 （日々の勤怠管理ソフトにて
時間外労働に関する協定の届出年月日					

協定の成立年月日　　　2020 年 〇 月 〇 日

協定の当事者である労働組合の名称又は労働者の過半数を代表する者の

協定の当事者（労働者の過半数を代表する者の場合）の選出方法　　（　　　信任投

2020 年〇月〇日

　　　中央　　労働基準監督署長　　殿

いて適用することができる制度が裁量労働制です。

 ## 裁量労働制の残業代の考え方

　裁量労働制は、「10時間働いたとしても、事前に『8時間とみなす』としていれば、8時間の労働時間とみなす制度」と前述したように、通常の労働時間制度だと2時間分の割増賃金が必要になるところが、裁量労働制のもとでは、この2時間分の割増賃金が不要になります。

〜る 協定届

	事業の所在地（電話番号）	
	一 ○○○○） 田区○○町○丁目○番○号 ： 03-○○○○-○○○○）	

社を ）措置 把握方法）	労働者からの苦情の処理 に関して講ずる措置	協定の有効期間
長が健康状態 応じて年次有 取の付与を行 把握する）	下記のとおり、裁量労働制度に関し 全般的な苦情を取り扱う裁量労働 相談室を開設する 　場所：管理担当部署 　開設日時：毎週月曜日 　　　　　　10:00〜11:00 　相談員：管理担当部署長	2020 年○月 1 日〜 2023 年○月 31 日

2020 年○月○日

職　名　○○職（管理監督者でない）
氏　名　　　　　　　　印
長による　　　）

使用者　株式会社○○○○
職　名　代表取締役
氏　名　○○　○○　　　　印

　しかし裁量労働制のもとでも、深夜労働と休日労働に関しては、深夜割増賃金の支払い義務は免れませんし、休日労働をした場合にはその時間については休日割増賃金の支払いが必要です。

　裁量労働制を導入すると、従業員がどうしても夜型の勤務になるということがままありますが、裁量労働制を導入した場合でも、深夜や休日勤務は原則として許可制とすることをお勧めします。

裁量労働制でも時間管理は必要

　繰り返しますが、裁量労働制は10時間労働しても、「8時間とみなす」と設定すれば、2時間分の時間外割増賃金が不要となる制度です。

　そのため、そもそも労働時間の管理をする必要がないと誤解されているケースがあります。しかし、それは誤った認識です。

　2019年4月より、働き方改革に関連して労働安全衛生法が改正され、管理監督者や裁量労働制従事者を含む、すべての労働者の労働時間を客観的な方法（タイムカード、ＩＣカード、ＰＣ打刻）で把握することが法律で義務化されました。

　昨今、過労死等に対して世間の目は非常に厳しく、企業にとって従業員の**安全配慮義務**については、これまで以上に徹底していくことが求められており、裁量労働制の適用者についても、その月の労働時間がどの程度であったのかについて把握する必要はあります。

　また、前述したように、結局は深夜勤務手当の支給は別途必要となるため、従業員が深夜に労働していないかの把握が必要となり、結果として裁量労働制適用者について、時間管理をまったくしないということはできません。

【専門業務型裁量労働制を導入するには】

　専門業務型裁量労働制を導入するには、就業規則に関連する条文を追加することと、労使協定の締結、そして労働基準監督署への届出が必要です。

テレワーク（在宅勤務）の活用

 ## テレワークとは

　新型コロナウイルスの感染拡大を防止する対策としても、在宅勤務への注目が集まりましたが、在宅勤務を含むテレワークは、通勤時間が短縮できる等のメリットがあり、働く人からの人気も高くなっています。

　テレワークは、その就労場所によって、「在宅勤務」「モバイル勤務」「サテライトオフィス勤務」などと類型が分かれますが、ここでは導入企業が多い「在宅勤務」を導入する際の留意点について説明しましょう。

 ## 在宅勤務の労働時間管理の方法

　在宅勤務の導入にあたっては、労働時間の管理に悩む企業も多いのですが、結論からいうと、これまで自社が使っていた労働時間制度を継続して使用するということでまったく問題はありません。

　もし、これまで1日8時間、週40時間制というスタンダードで固定的な労働時間制度を使用していたのであれば、引き続きその固定的な労働時間制度で、在宅勤務のようなリモートワークを運用していくことができます。

　また、これまでフレックスタイム制や裁量労働制を適用している場合には、リモートワーク後も引き続きフレックスタイム制や裁量労働制を適用し続けることで問題はありません。

　なお、在宅勤務を実施する場合、子供の送迎を行なったり、通院するといった私用のために、就業時間中に外出を行ないたいという従業員も出てくるかもしれません。

◎あらかじめ決めておきたいリモートワーク時のルール◎

#	項目	記載すべき事項
1	導入の目的	導入目的は、育児・介護等特別な事情にのみ限定するのか、事情を限定せずに認めるのか
2	対象者	対象者は、育児・介護等特別な事情を持つ従業員にのみ限定するのか、事情を限定せずに認めるのか
3	服務規律	リモートワーク時に特有の機密保持や職務専念義務を明確化する
4	労働時間、休憩・休日	労働時間、休憩・休日は、これまでと同じ労働時間制度を使うのか、もしくは裁量労働制やフレックスタイム制、事業場外みなし労働時間制などを使うのか
5	時間外・休日労働のルール	時間外・休日・深夜労働を行なう場合には、事前申請のルールを明確化する
6	勤怠のルール	遅刻、早退等のルールや、業務の開始・終了、休憩の開始・終了の報告方法を明確化する
7	賃金	通勤手当の取扱いや会社独自で支給している各種手当（食事手当等）があれば、その取扱いを明確化する
8	費用負担	リモートワークでかかる通信費、水道光熱費等の費用負担関係を明確化する

　この場合の労働時間の考え方ですが、「ノーワーク・ノーペイの原則」のもと特段、労働時間とする必要もなく、賃金の支払い義務もありません。

　ちなみに、この「ノーワーク・ノーペイの原則」とは、労働者がなんらかの理由により労働をしなかった場合、企業には賃金の支払い義務が発生しないという概念のことです。

　つまり、在宅勤務中に私用外出する場合、その時間については労

働ではないので、会社としては従業員の賃金から不在時間分について賃金控除することができるわけです（裁量労働制、フレックスタイム制などは除きます）。

　ただし実務的には、多くの企業でこのような私用外出の中抜け時間は休憩とし、始業・終業時刻を繰り上げ・繰り下げして、1日の所定労働時間を満たしていれば、賃金控除は行なわないという取扱いで運用しています。

 ## 導入する際に決めておきたいポイント

　リモートワークについては、会社で対象者や労働時間の管理方法、費用負担のルールなどを決めることができます。だからこそ、しっかりと自社のルールを明確化しておきたいところです。あらかじめ決めておきたいルールについては、前ページ表にまとめておきました。

　新型コロナウイルス感染拡大を防止するためのリモートワークについては、国や地方自治体から助成金・補助金が用意されています。

　これらの助成金・補助金を受給する際にも、リモートワークに関する規程が必要となる場合がありますので、早めにこうしたルールを明確にして規程化しておくことをお勧めします。

6-8

副業・兼業の許可の検討

副業・兼業を許可する場合に注意すること

　政府の働き方改革実行計画のなかで、企業は「副業」「兼業」を認める方向で検討すべき、との方針が示されたため、副業は、だんだんと解禁している企業が多くなっています。

　たとえば、日本を代表する大企業である、みずほ銀行でも2019年10月から副業・兼業が解禁されたことは話題になりました。

　こうした時流のなか、最近は副業・兼業についての相談が増えてきています。

　特に、起業間もない企業の場合、他社の優秀な人材に、副業として自社に参画してもらいたいというニーズも多いと思います。

　しかし、副業・兼業については注意しなければならない点もあります。副業・兼業をめぐる留意点としては、以下の3つがあげられます。

---

　①労働時間の通算
　②社会保険・雇用保険の適用
　③健康管理措置・安全配慮義務

　それぞれについて詳しくみていきましょう。

労働時間の通算

①割増賃金の支給

　労働基準法では、「労働時間は、会社が異なっている場合でも通算する」と規定されており、労働時間を通算した結果、1日8時間、週40時間の法定労働時間を超えて労働させる場合には、副業先で発

192

生した時間外労働について割増賃金を支払わなければならないとされています。

　つまり、本業先で8時間の勤務後に、副業先で就労するといった場合には、副業先で働く労働時間の最初から割増賃金の支給義務が発生してしまうことになります。

②36協定上の問題

　労働基準法では、「労働時間は、会社が異なっている場合でも通算する」と規定されていますから、労働時間を通算した結果、1日8時間、週40時間の法定労働時間を超えて労働させる場合には、副業先は36協定（時間外・休日労働に関する労使協定。123ページ参照）を締結していないと、労働基準法違反となってしまいます。

社会保険・雇用保険の適用

　健康保険と厚生年金保険については、原則として週30時間以上働く人が適用対象となっています。この適用要件は、勤務している事業所ごとに判断されます。

　つまり、複数の勤務先で働く人が、短時間ずつ複数社で雇用される場合、いずれの事業所においても適用関係を満たさない可能性が出てくるため、いずれの企業でも社会保険が適用されない可能性があります。

　一方、雇用保険については、週20時間以上働く人が適用対象となっています。この適用要件は、勤務している事業所ごとに判断されます。

　つまり、複数の勤務先で働く人が、短時間ずつ複数社で雇用される場合、いずれの事業所においても適用関係を満たさない可能性が出てくるため、いずれの企業でも雇用保険に入れないという可能性が出てきます。

健康管理措置・安全配慮義務

　会社には、3 - 2項で説明したように、従業員に対して安全配慮義務があります（57ページ参照）。

　たとえば、社員が副業をしている結果として過労状態となっている場合に、本業先、副業先の双方において、どのように安全配慮義務を履行していくのかは難しいところです。しかし企業は、社員が副業している場合には、過労などに配慮するという義務があることには留意が必要です。

副業・兼業の問題点

　副業・兼業については、現在まさに政府の労働政策審議会というところで、こうした課題について議論がなされているところであり、まだまだ未定であることも多くなっています。

　ただし、現時点で副業・兼業を考えている企業は、少なくとも以下の点については考えておく必要があります。

①そもそも副業に雇用形態を認めるのかを検討しよう

　果たして「雇用形態が複数になる副業を認めるのか？」は大きな論点となります。

　少なくとも現時点では、雇用形態が複数となる副業は、上述の労働法の未解決な課題が多いという理由から、あまり積極的に解禁するには時期尚早だと考えています。

　まずは、副業は業務委託しか認めないとするほうが、安全策ではないかと思います。

②「判例上も禁止が認められる副業」を禁止しよう

　副業解禁とはいえ、会社の利益を損なうおそれのある副業については禁止とする旨を就業規則にも定めましょう。

　以下、チェックリストふうに表にしてみました。

#	禁止すべき副業の詳細	✓
1	職務専念義務に反するような副業	
2	企業秘密が漏えいするような副業	
3	公序良俗に反するような副業	
4	競業に該当する副業	

③誓約書・申請書はしっかり作成しよう

　現時点においても、競業などに該当しないかの確認や、副業を行なう場合に従業員が守るべき事項への誓約をさせるために、副業は事前申請・許可制とすることが適切です。

#	申請書に盛り込むべきポイント	✓
1	副業申請の有効期間を設ける（１年など）	
2	副業の事業内容を記載させ、競業に該当しないか確認	
3	雇用形態か非雇用形態かの確認	
4	月間レベルの労働時間の把握は行なう	

　特に誓約書については、機密保持・職務専念義務・競業避止といったことを守らせる意識づけや、実際に訴訟等になった場合への備えとしても有効と考えます。副業を認める従業員からは、絶対に誓約書を取得しておきましょう。

　誓約書に盛り込むべきポイントは、次ページ表のとおりです。

#	誓約書に盛り込むべきポイント	✓
1	労務提供上の支障がないことを約束させる	
2	機密保持に反することがないよう約束させる	
3	競業とならないことを約束させる	
4	健康保持、自己管理に努めることを約束させる	
5	申請内容の変更時、1年などの一定期間ごとに、随時提出させる	
6	取り消す場合があることへの了解を得る	
7	損害賠償の対象となる可能性を明記	

おわりに

　本書を執筆している2020年8月は、東京オリンピックが予定されていました。世界的な感染症まん延の影響を受け、地球上から多くの命が奪われ、これまで当たり前とされていた人々の生活基盤やビジネスが脅かされ、世の中は大きく変わろうとしています。

　日本においては、世界的にも先進的な少子高齢化が今後、数十年間にわたり現実味を帯びようとしています。

　そのような環境において、これまで戦後の人口拡大を前提として高度経済成長を支えてきた、日本型経営の三種の神器である「年功序列、労働組合、終身雇用」も進化が問われ始めています。

　法律や経営学などの社会科学は、人間や人間の集団を対象としており、前提としていた社会情勢の変化とともにアプローチも変わり得るものかもしれません。

　本書を手に取り、起業し、ＩＰＯをめざすような方には、本書を通じて現在の株式会社という企業形態において、どのように人を雇い（労務）、どのようにお金を扱い・報告していくか（経理・財務）、考える１つのきっかけになれば幸いです。

　人口減少下では、若者は政治の「投票権」という意味では世代的にマイノリティかもしれませんが、ＩＰＯを実現した会社の「議決権」は、年齢に関係なくお金を払えば企業価値の向上に対して公平に「投票」できるしくみであり、起業する人やベンチャー企業を取り巻くエコシステム（生態系）は10年前に比べると、随分裾野が広がってきているように感じます。

　社会に大きな変化が起きているいま、不確実な状況においてリスクを取って新しいことに挑戦する人が増えること、挑戦者を応援する人が増えることを祈っています。

2020年8月　　　　　　　　加藤会計事務所

　　　　　　　　　　　　　代表・公認会計士　加藤　広晃

著者プロフィール

寺島有紀（てらしま　ゆき）

寺島戦略社会保険労務士事務所 代表、社会保険労務士。1987年生まれ、一橋大学商学部卒業。新卒で楽天株式会社に入社後、社内規程策定、国内・海外子会社等へのローカライズ・適用などの内部統制業務や社内コンプライアンス教育等に従事。在職中に社会保険労務士国家試験に合格後、社会保険労務士事務所に勤務し、ベンチャー・中小企業から一部上場企業まで、国内労働法の改正対応や海外進出企業の労務アドバイザリー等に従事。現在は、社会保険労務士としてベンチャー企業のＩＰＯ労務コンプライアンス対応から企業の海外進出労務体制構築等、国内・海外両面から幅広く人事労務コンサルティングを行なっている。

著書に『これだけは知っておきたい！ スタートアップ・ベンチャー企業の労務管理』（アニモ出版）、共著書に『Ｑ＆Ａでわかる テレワークの労務・法務・情報セキュリティ』（技術評論社）がある。

【問い合わせ先】

E-Mail：info@terashima-sr.com

ＴＥＬ：03-4500-8247

住　所：〒101-0021　東京都千代田区外神田4丁目14-1
　　　　　　　　　　秋葉原UDX 4F　LIFORK秋葉原R08

Ｈ　Ｐ：https://www.terashima-sr.com

加藤広晃（かとう　ひろあき）

加藤会計事務所 代表、公認会計士。1984年生まれ、一橋大学商学部卒業。2007年に公認会計士試験合格後、大手監査法人に入所し、上場企業を中心とした法定監査、ＩＰＯ監査、IFRSアドバイザリー、価値算定業務等に従事。2013年に広告系ＩＴスタートアップ企業に上場責任者として入社、海外売上比率50％超で世界8拠点の経営管理体制構築とともに2015年、東証マザーズ上場を実現。上場後は経理財務執行役員としてクロスボーダーM＆AのPMIやIFRS適用を牽引。2017年、メディア系ＩＴスタートアップ企業に入社後、取締役就任。2018年12月、東証マザーズ＆福証Q-board重複上場を実現。現在は、二度のＩＰＯ統括経験から将来にＩＰＯをめざす企業の支援や、コーポレート・ガバナンスからＩＲ・ＳＲ実務支援、個人投資家としてエンジェル投資等を行なっている。

【問い合わせ先】

E-Mail：　hiroaki.kato@hey.com

住　所：　〒151-0053　東京都渋谷区代々木4-45-5-306

Linkedin：https://www.linkedin.com/in/hiroakato/

ＩＰＯをめざす起業のしかた・経営のポイント
いちばん最初に読む本

2020年9月15日　　初版発行

著　者　寺島有紀・加藤広晃
発行者　吉溪慎太郎

発行所　株式会社アニモ出版
　　　　〒162-0832 東京都新宿区岩戸町12 レベッカビル
　　　　TEL 03(5206)8505　FAX 03(6265)0130
　　　　http://www.animo-pub.co.jp/

©Y.Terashima&H.Katou 2020　ISBN978-4-89795-241-3
印刷：文昇堂／製本：誠製本　Printed in Japan